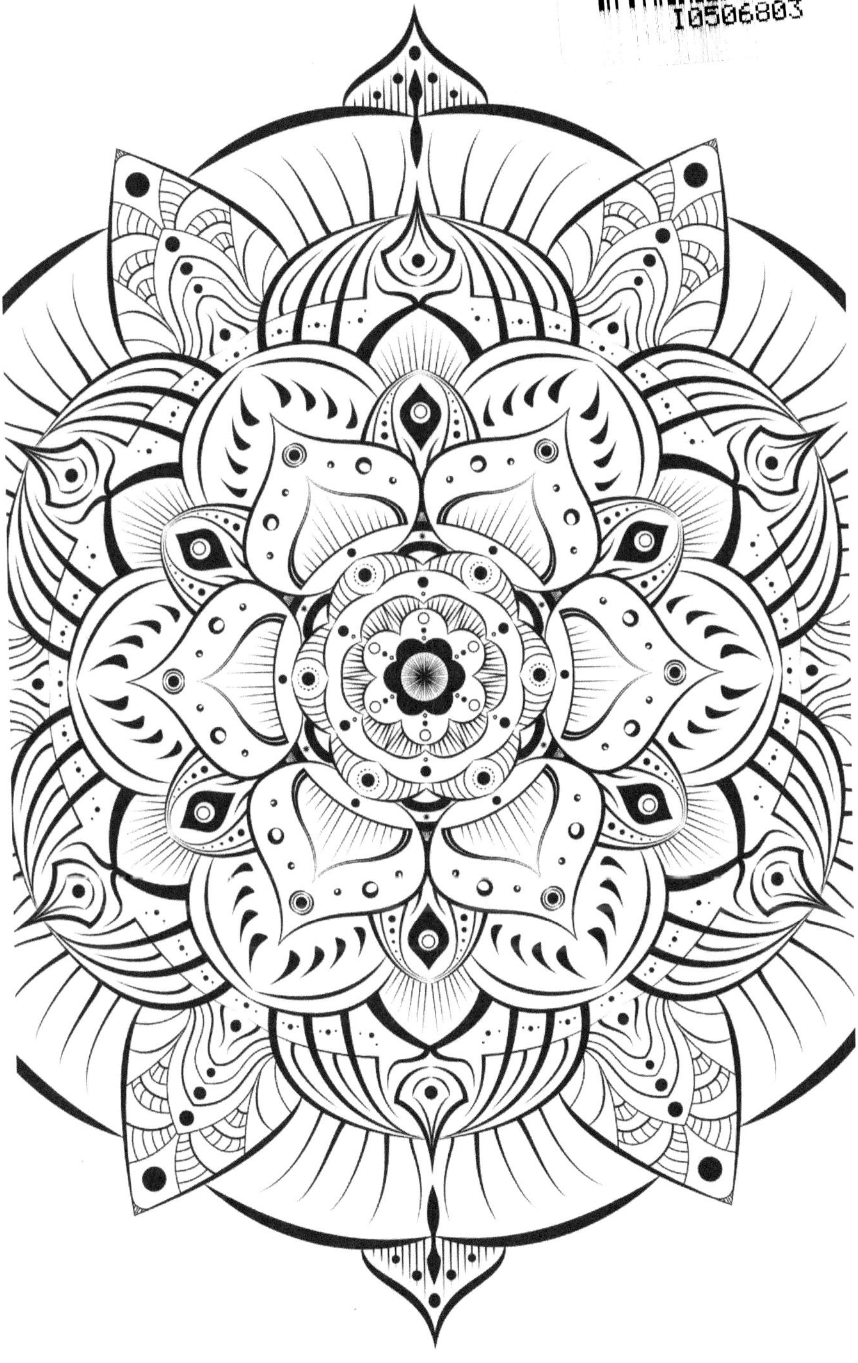

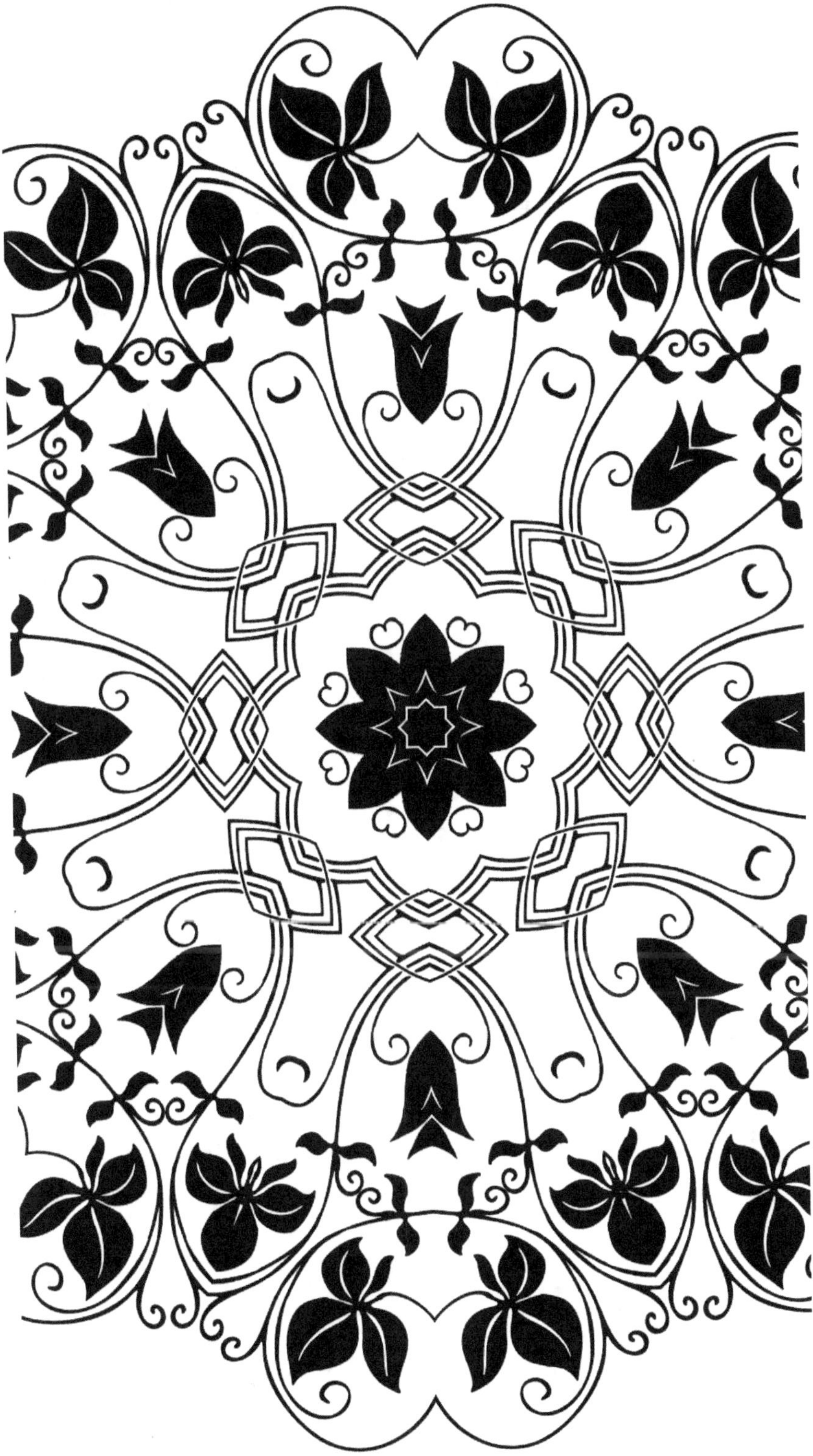

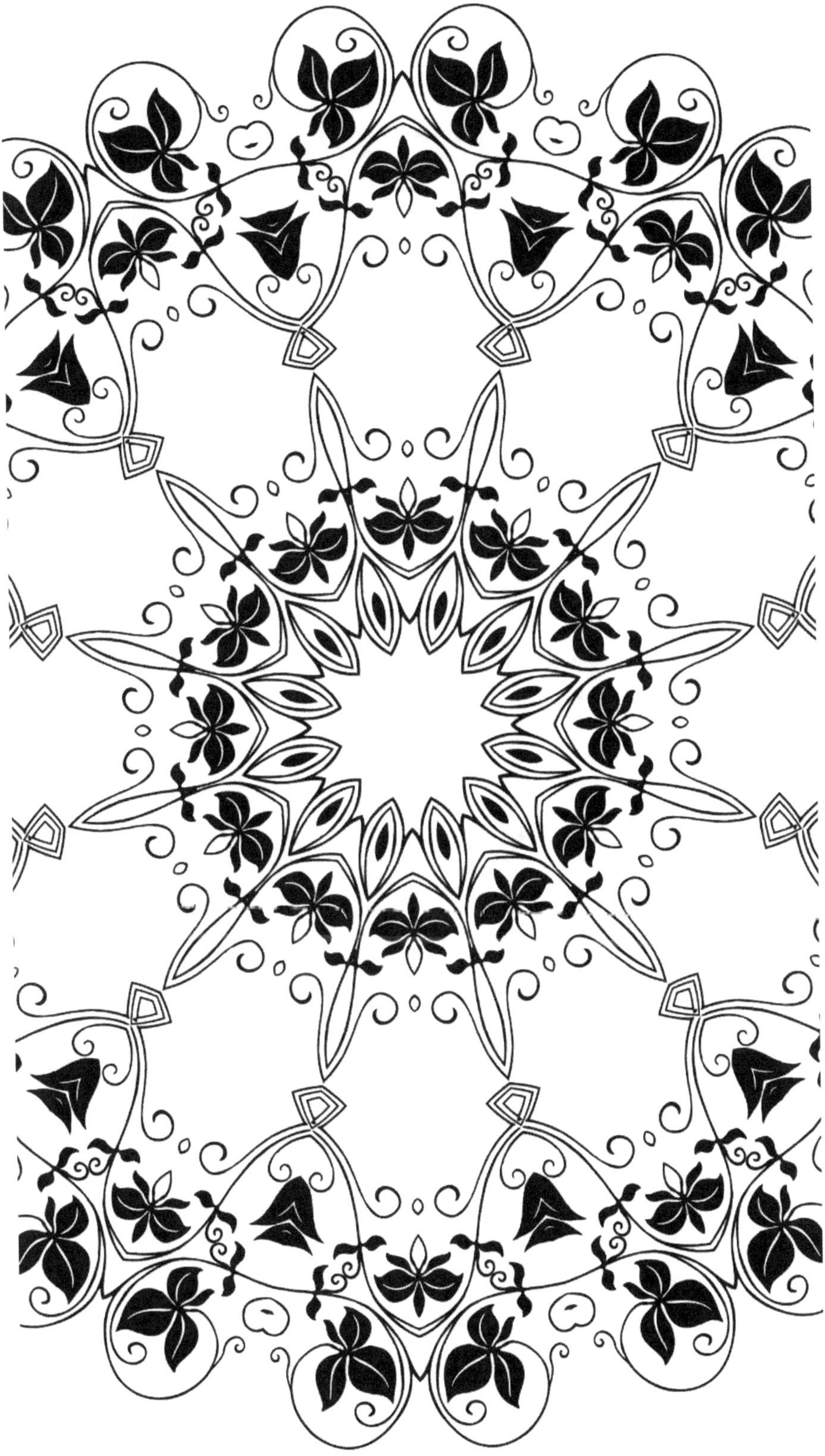

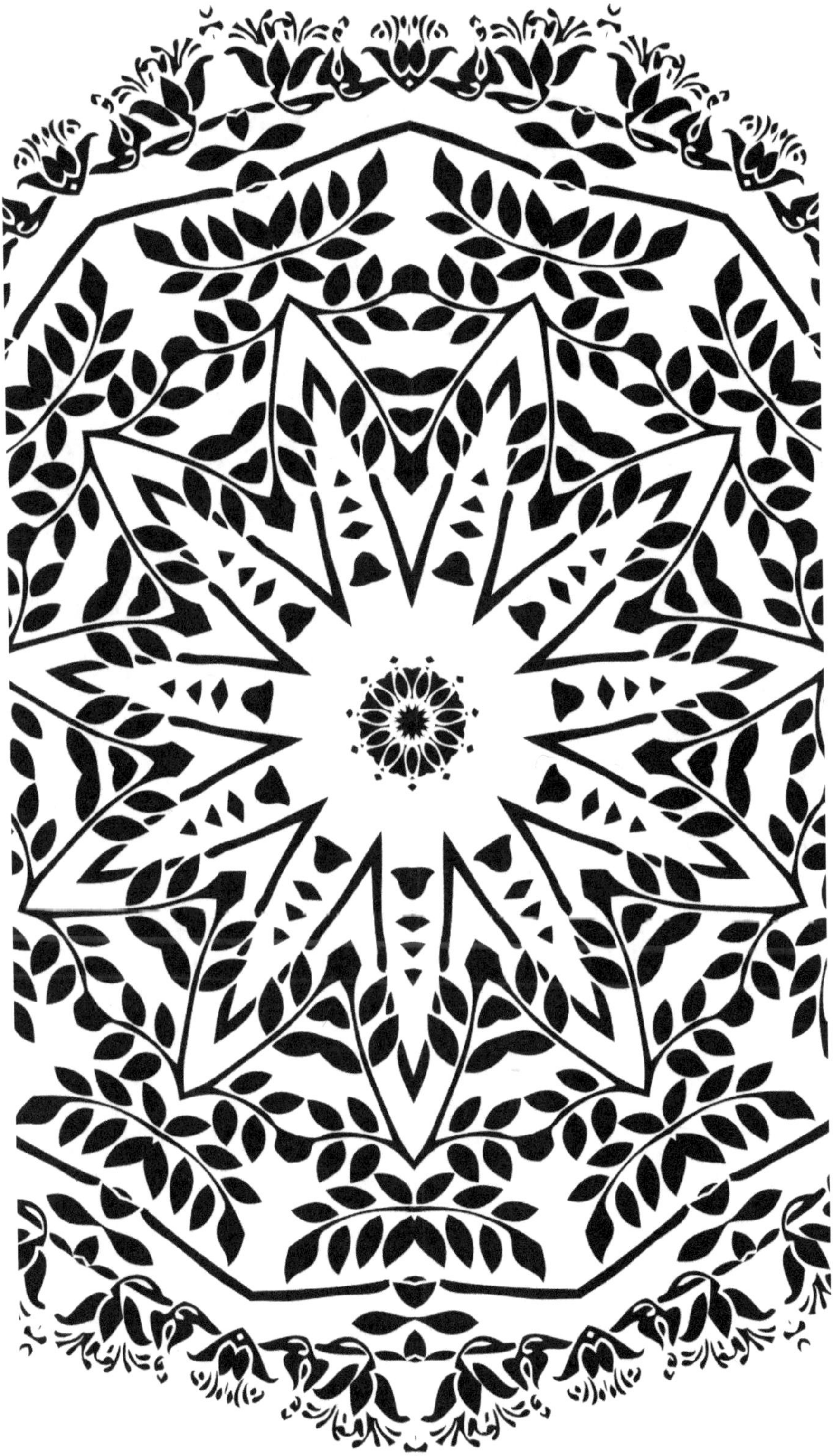

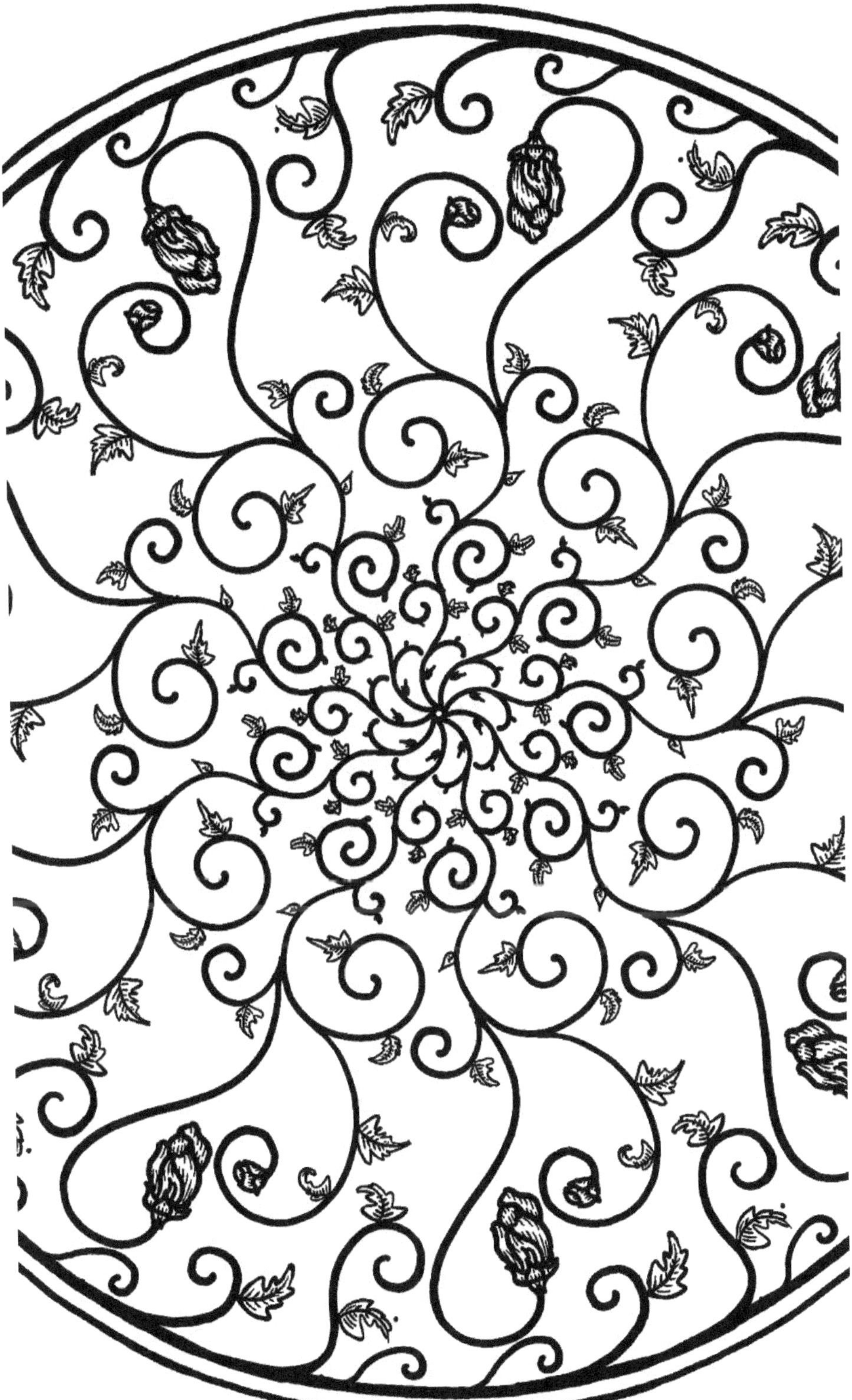

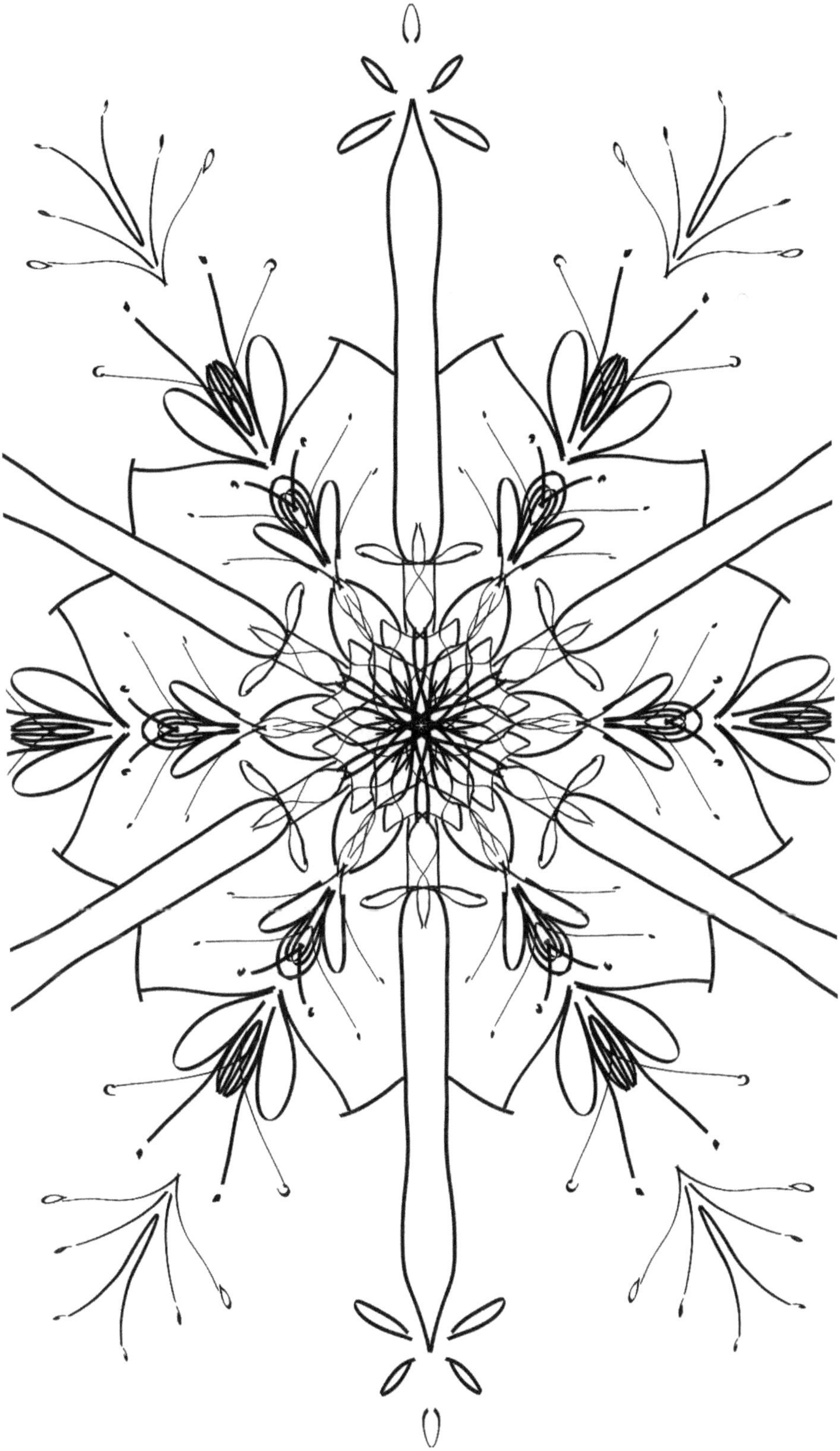

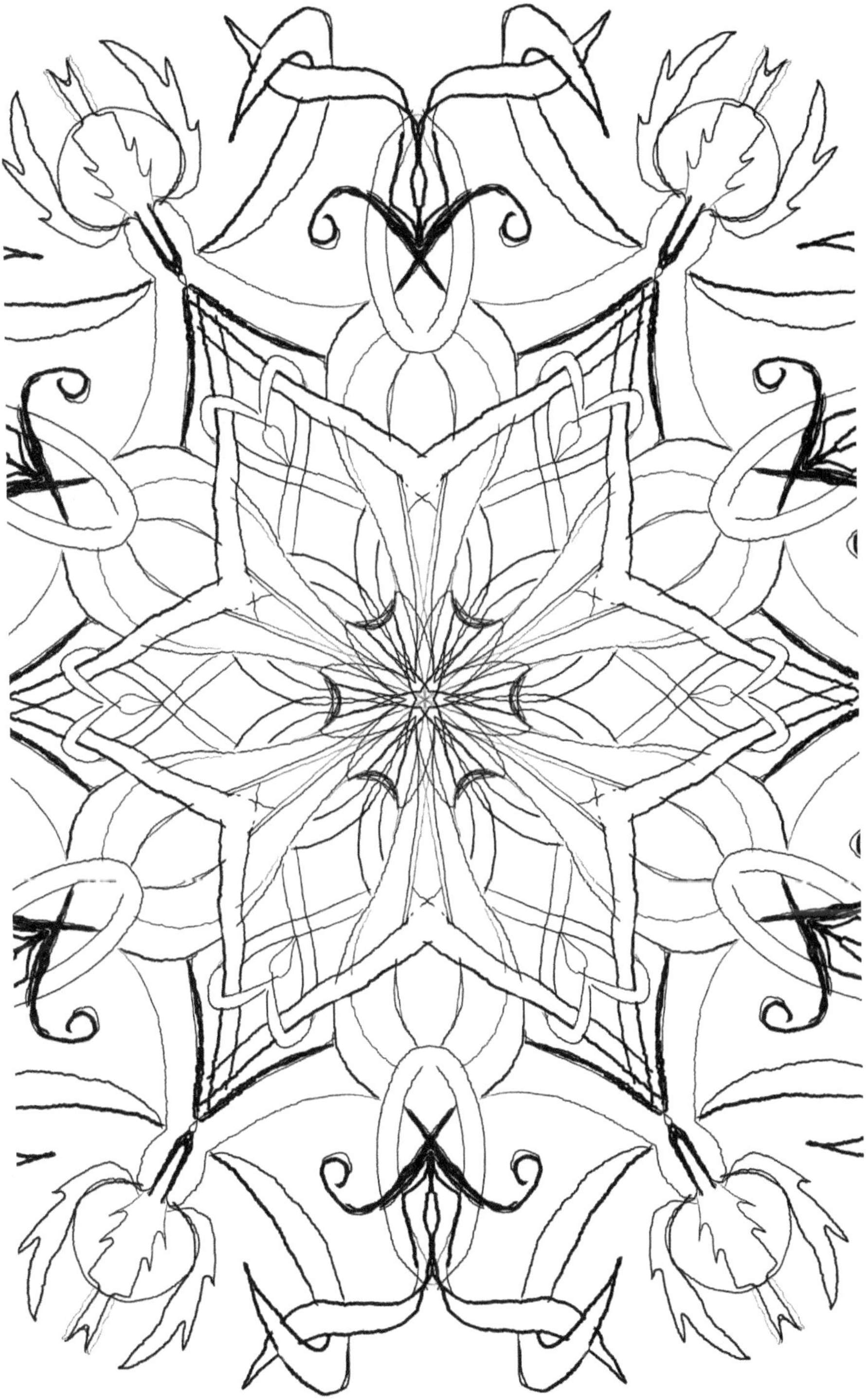

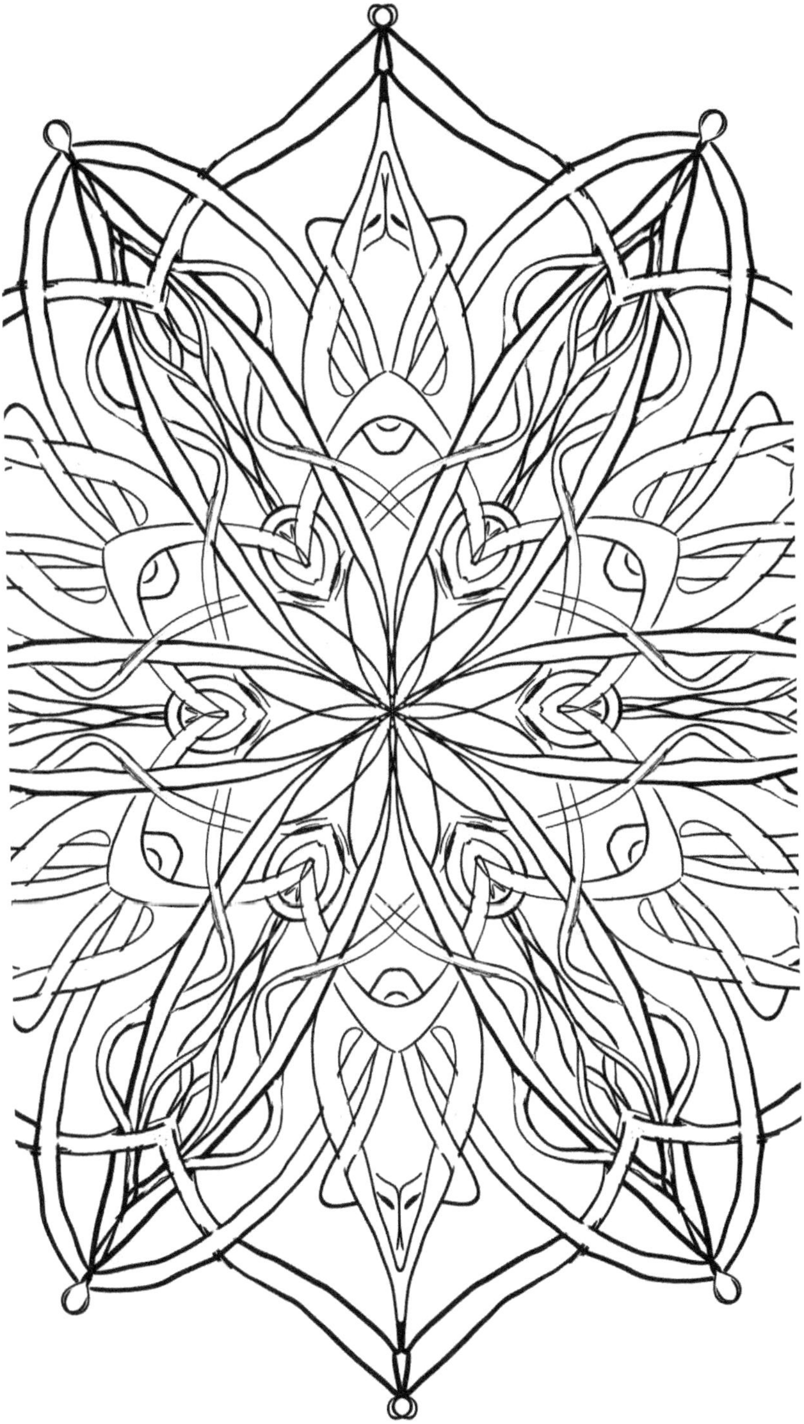

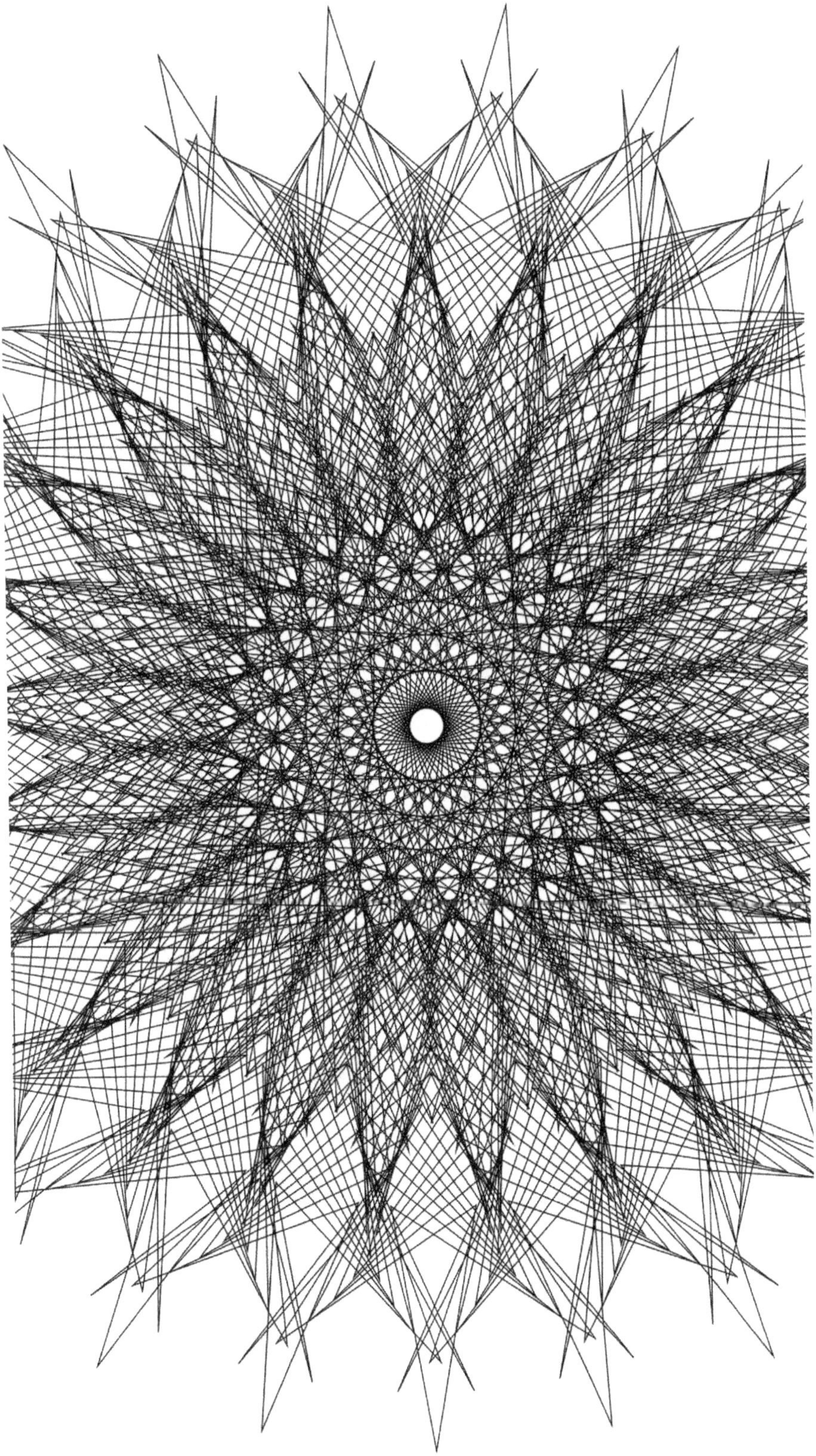

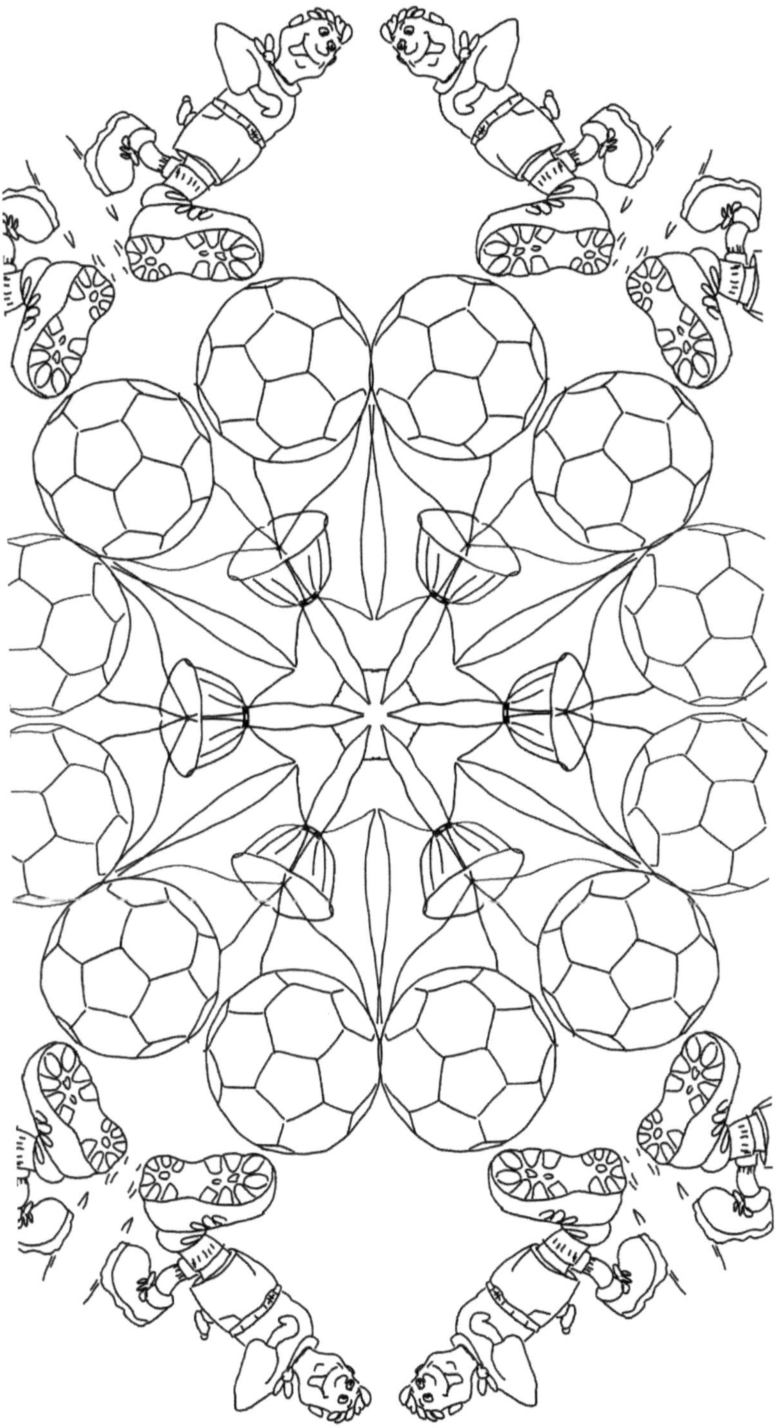

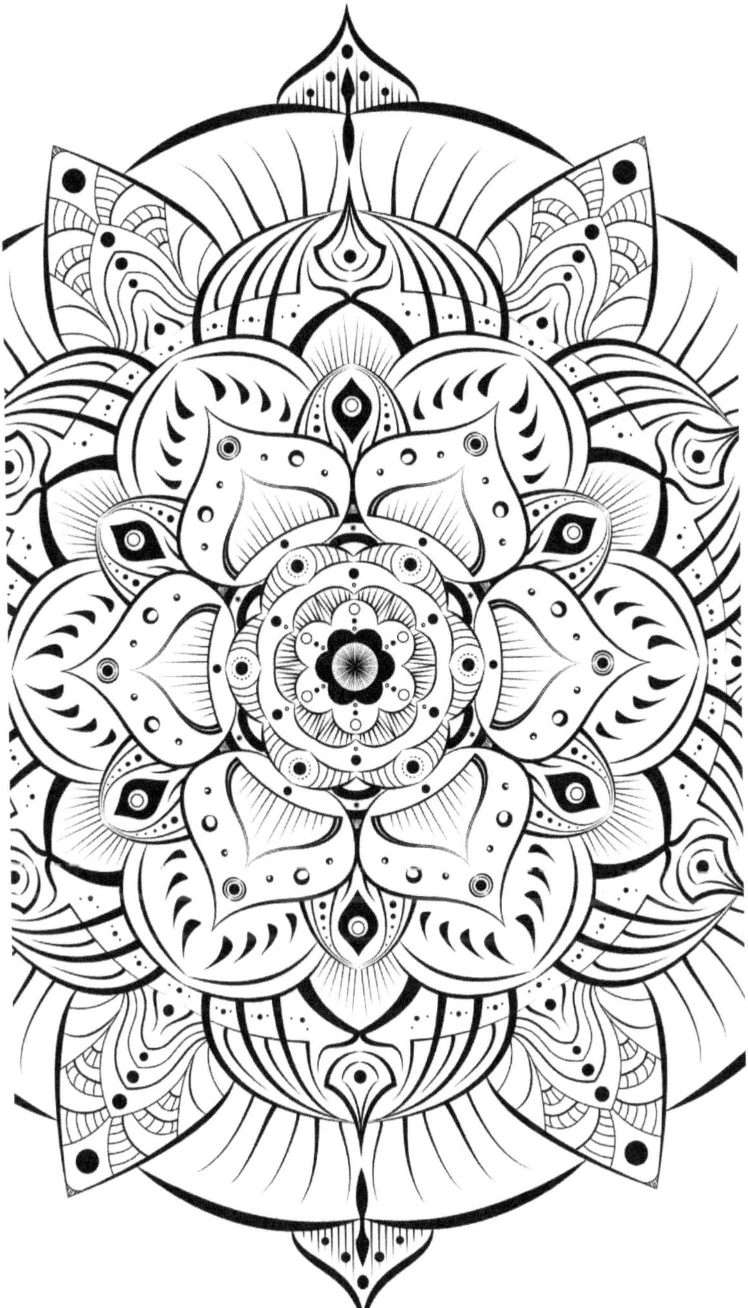

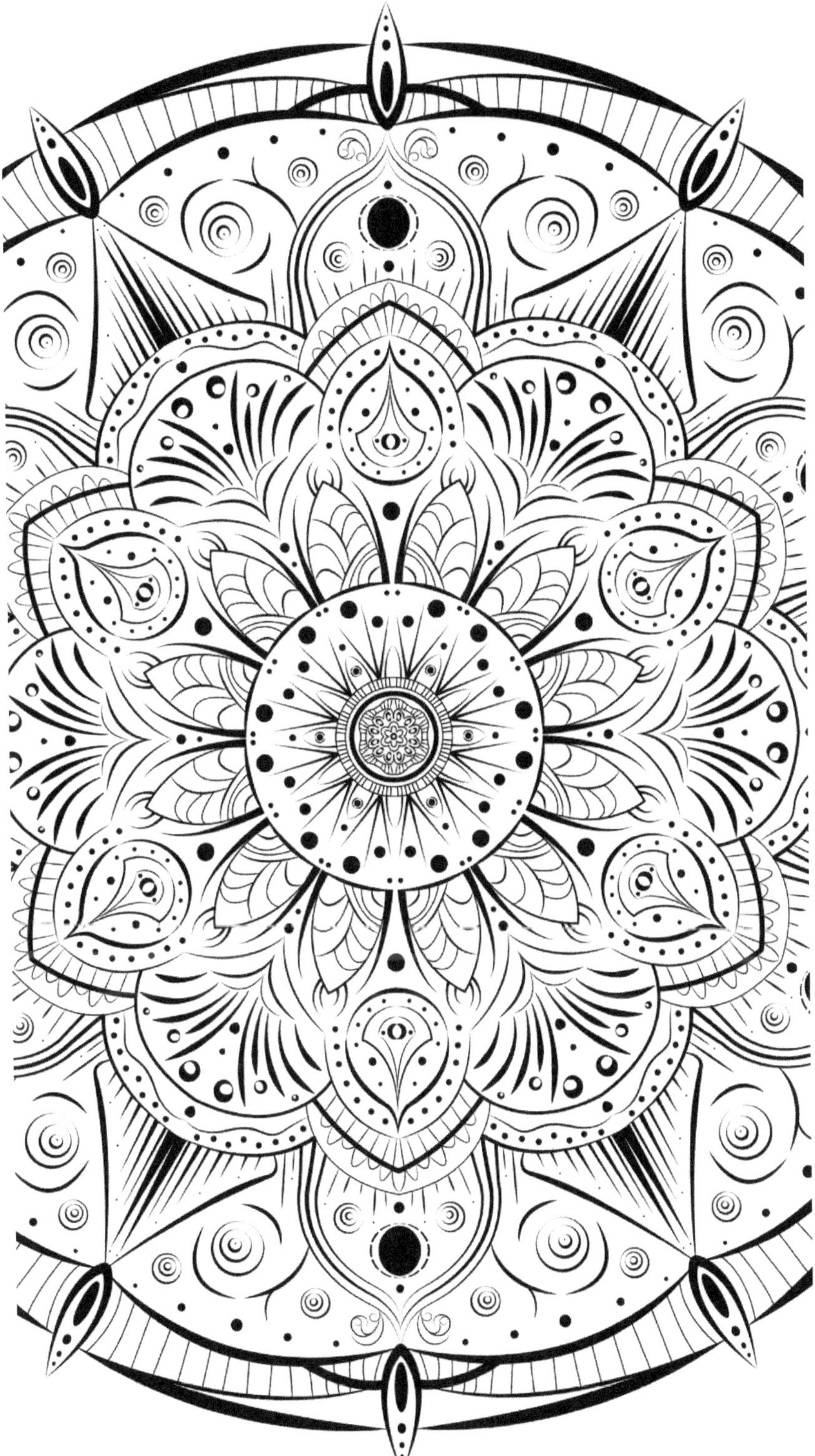

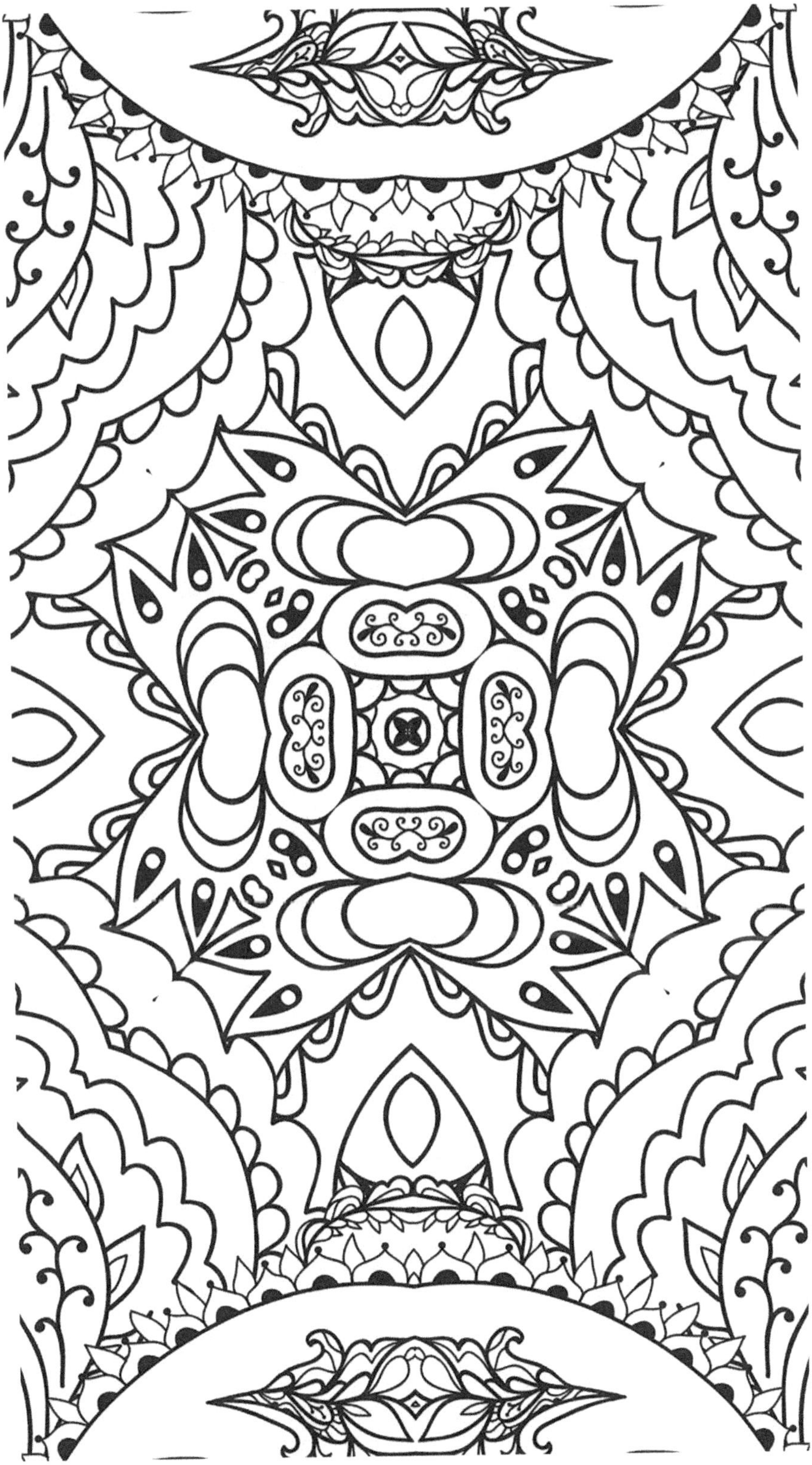

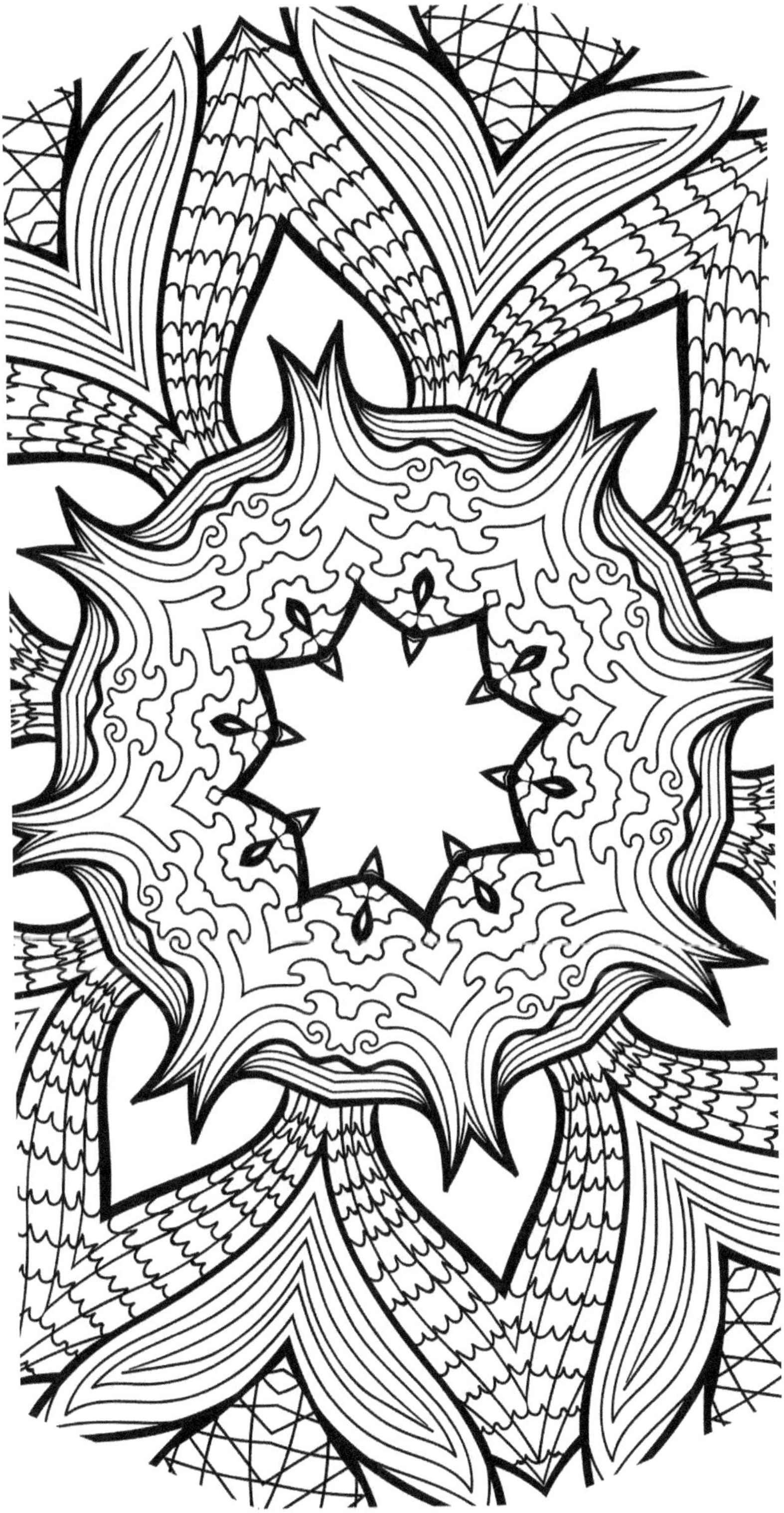

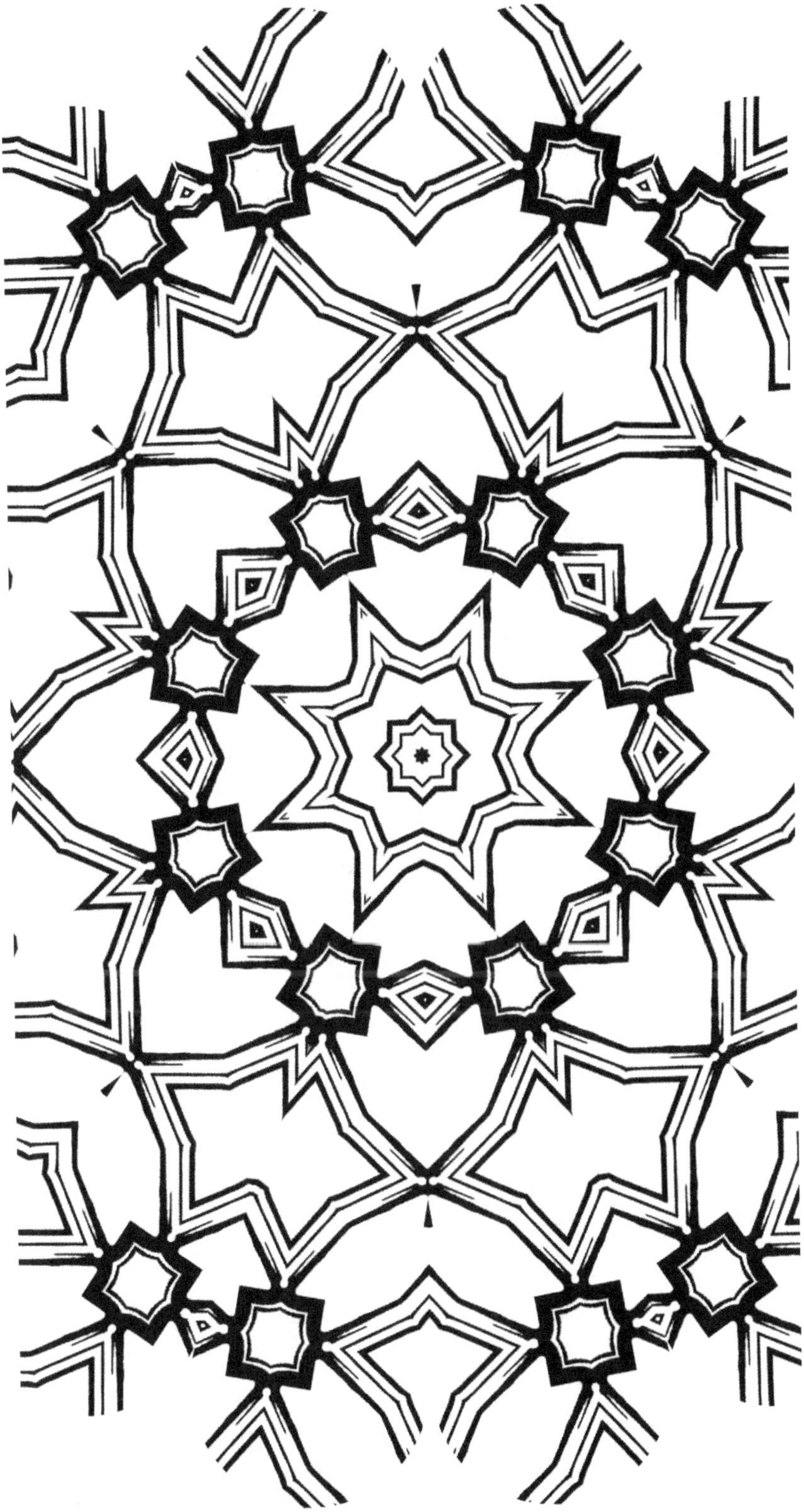

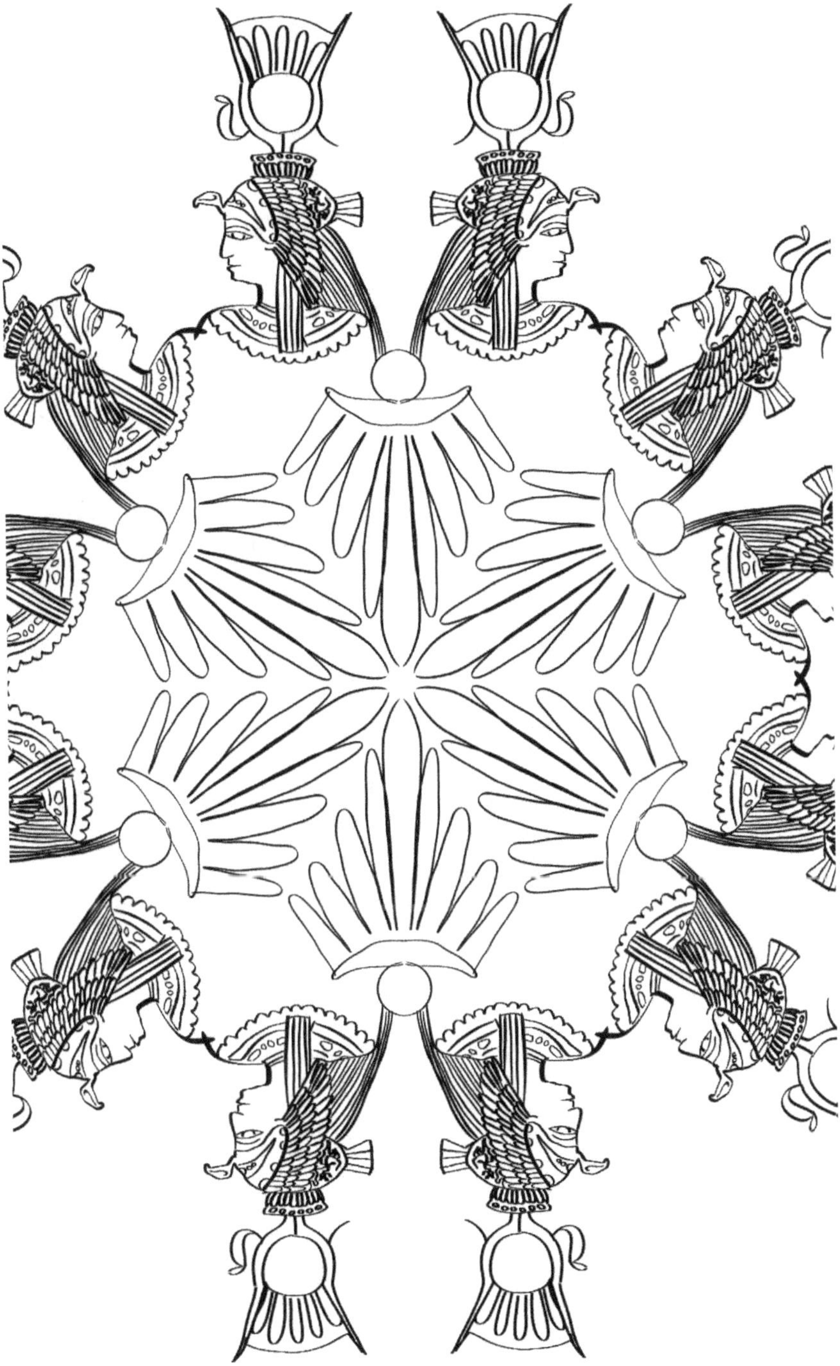

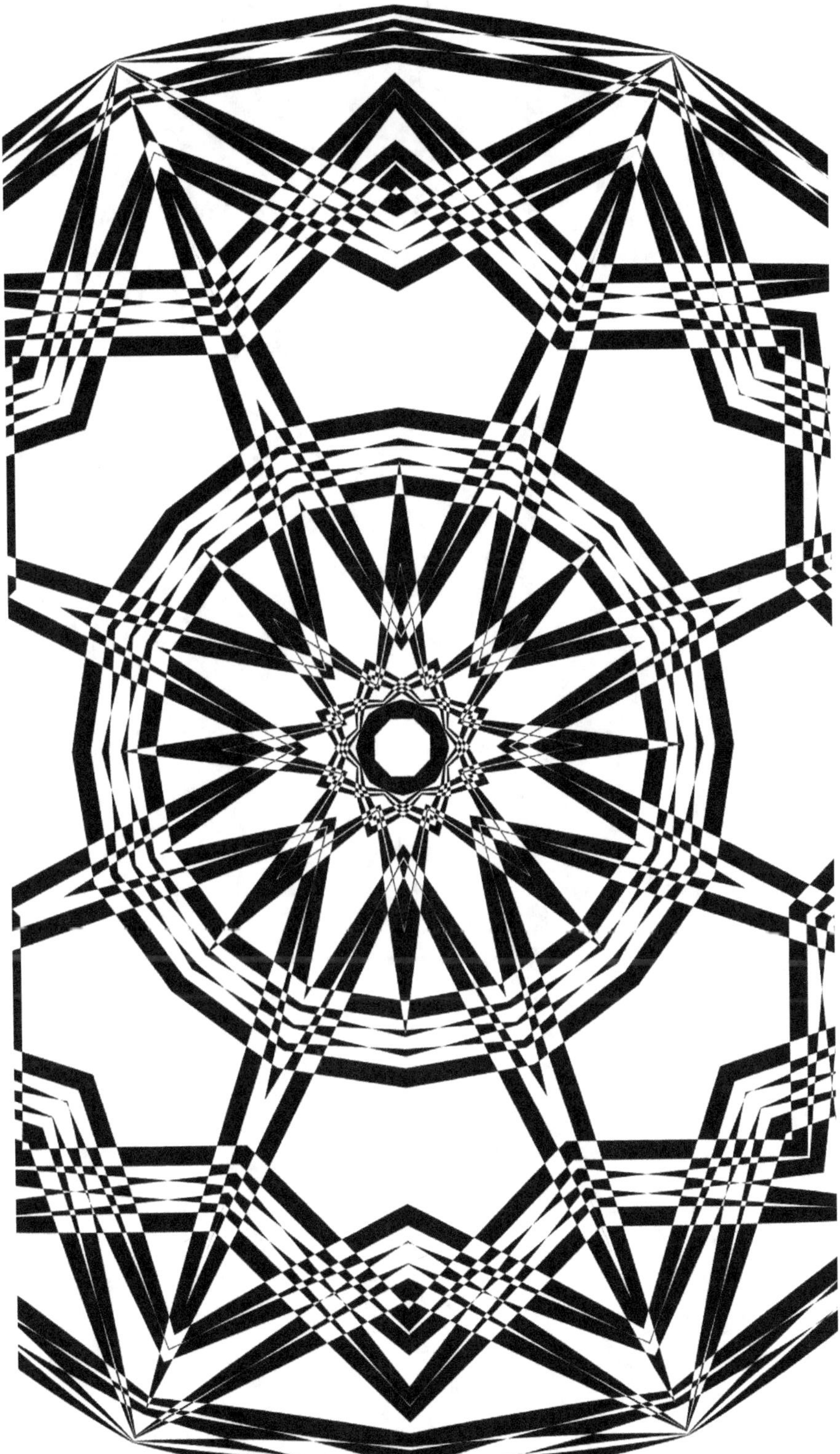

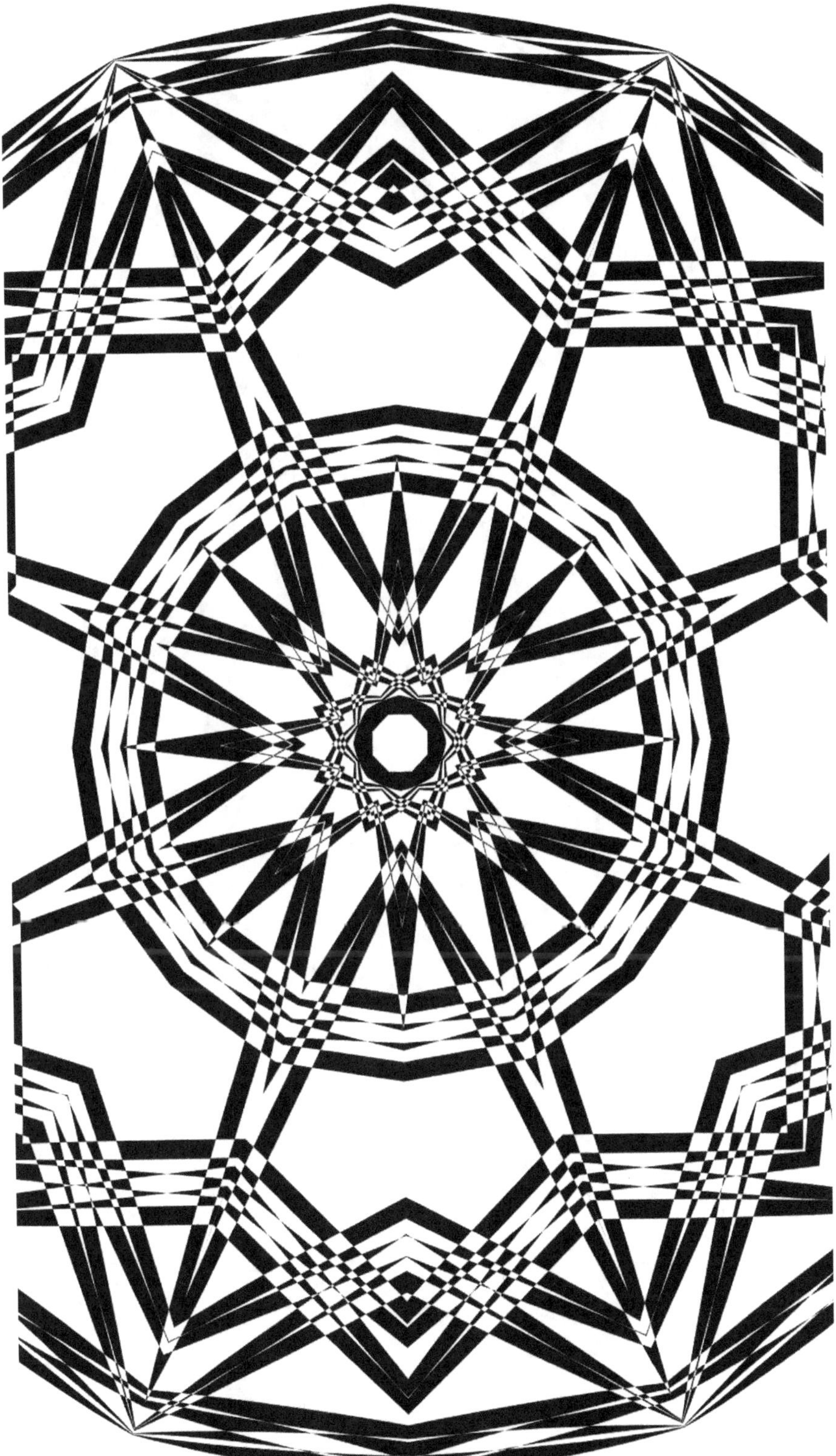

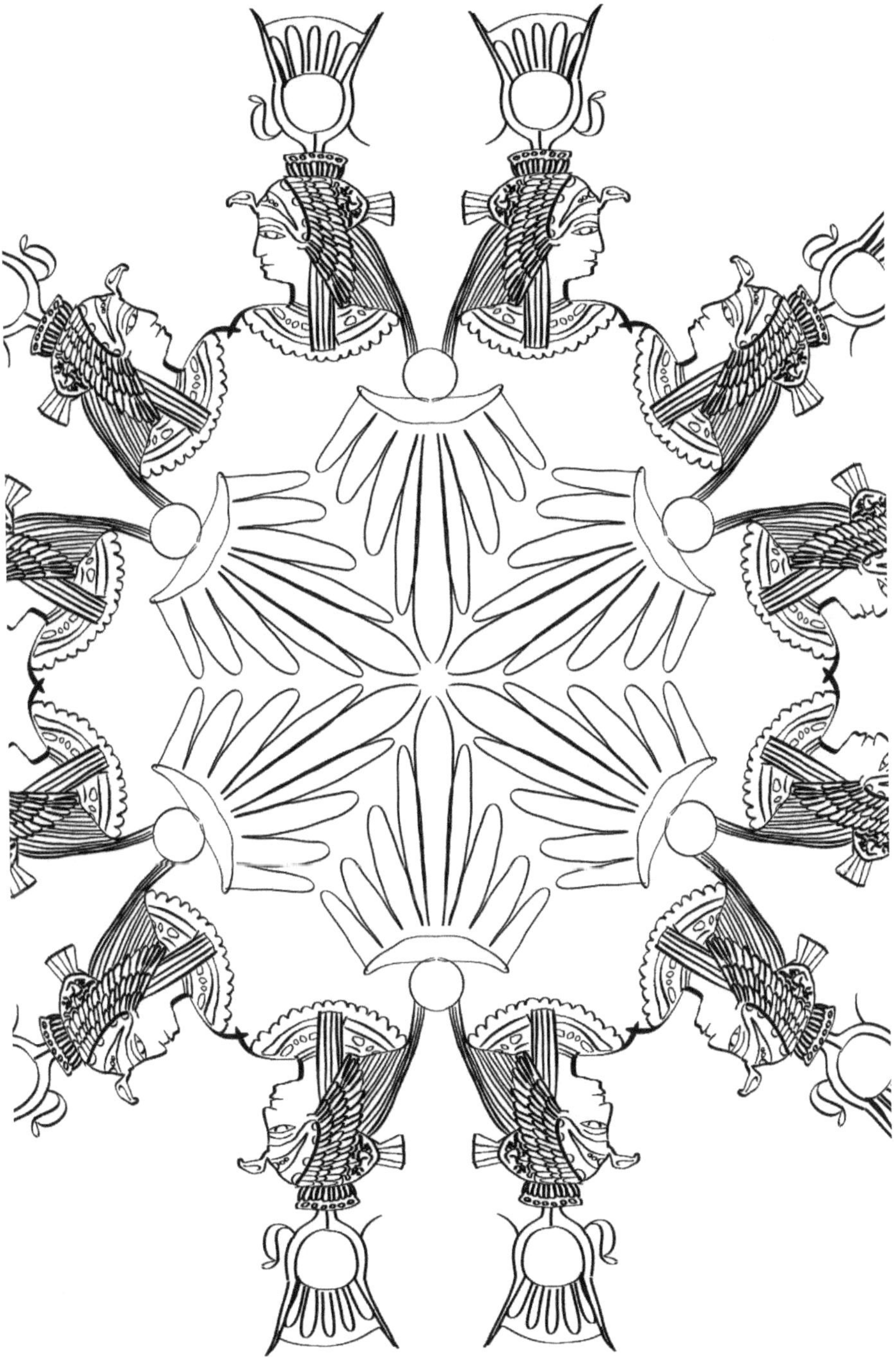

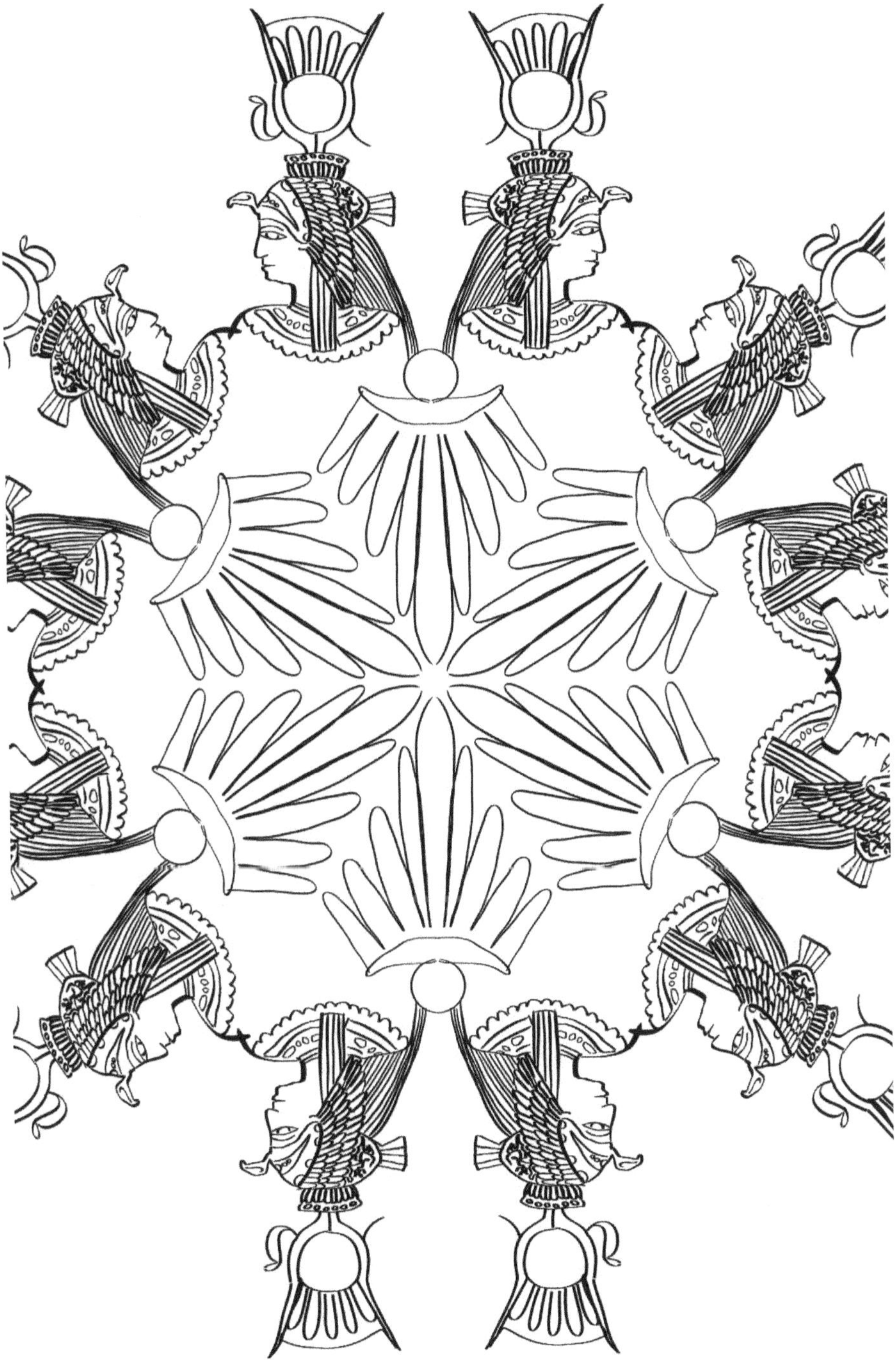

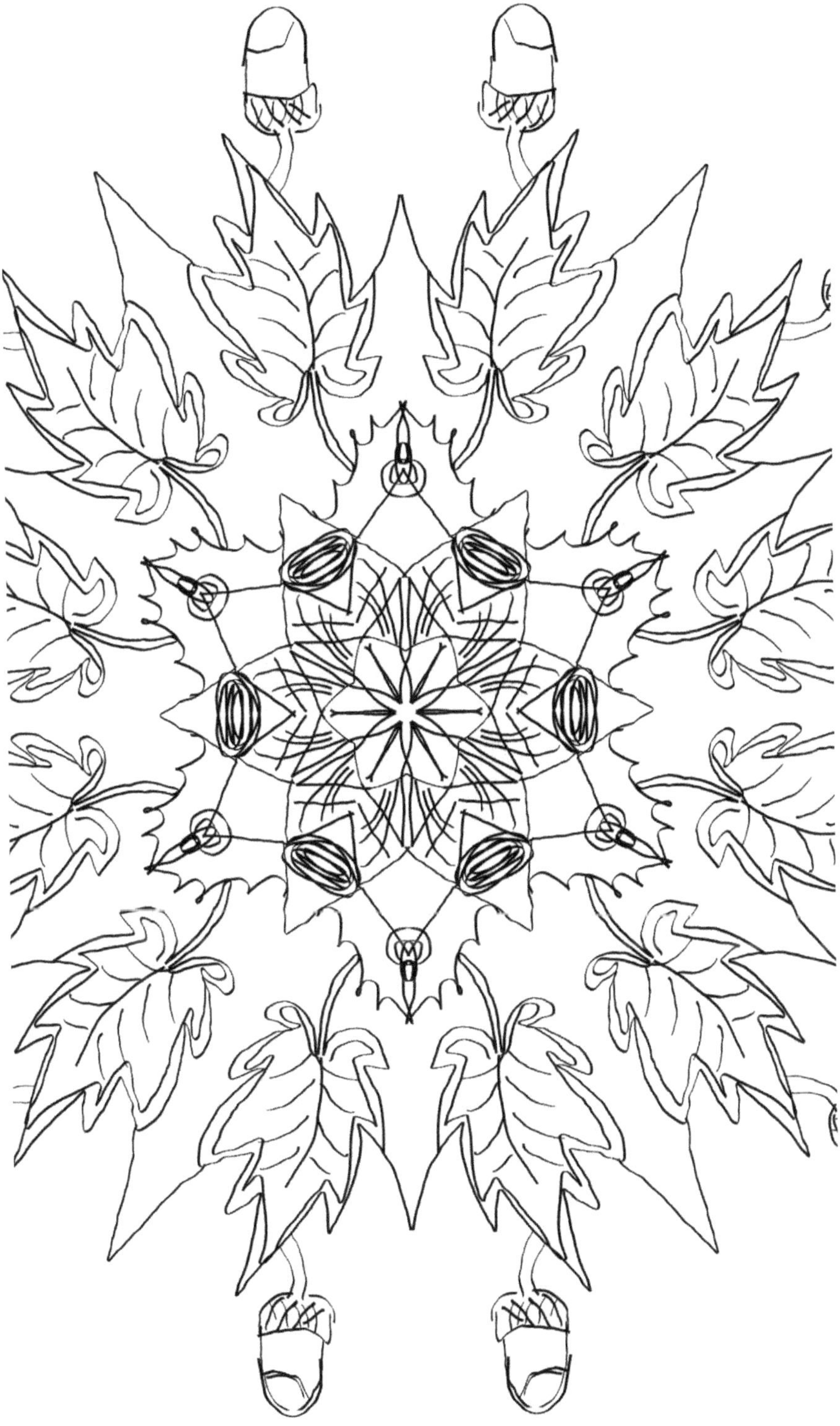

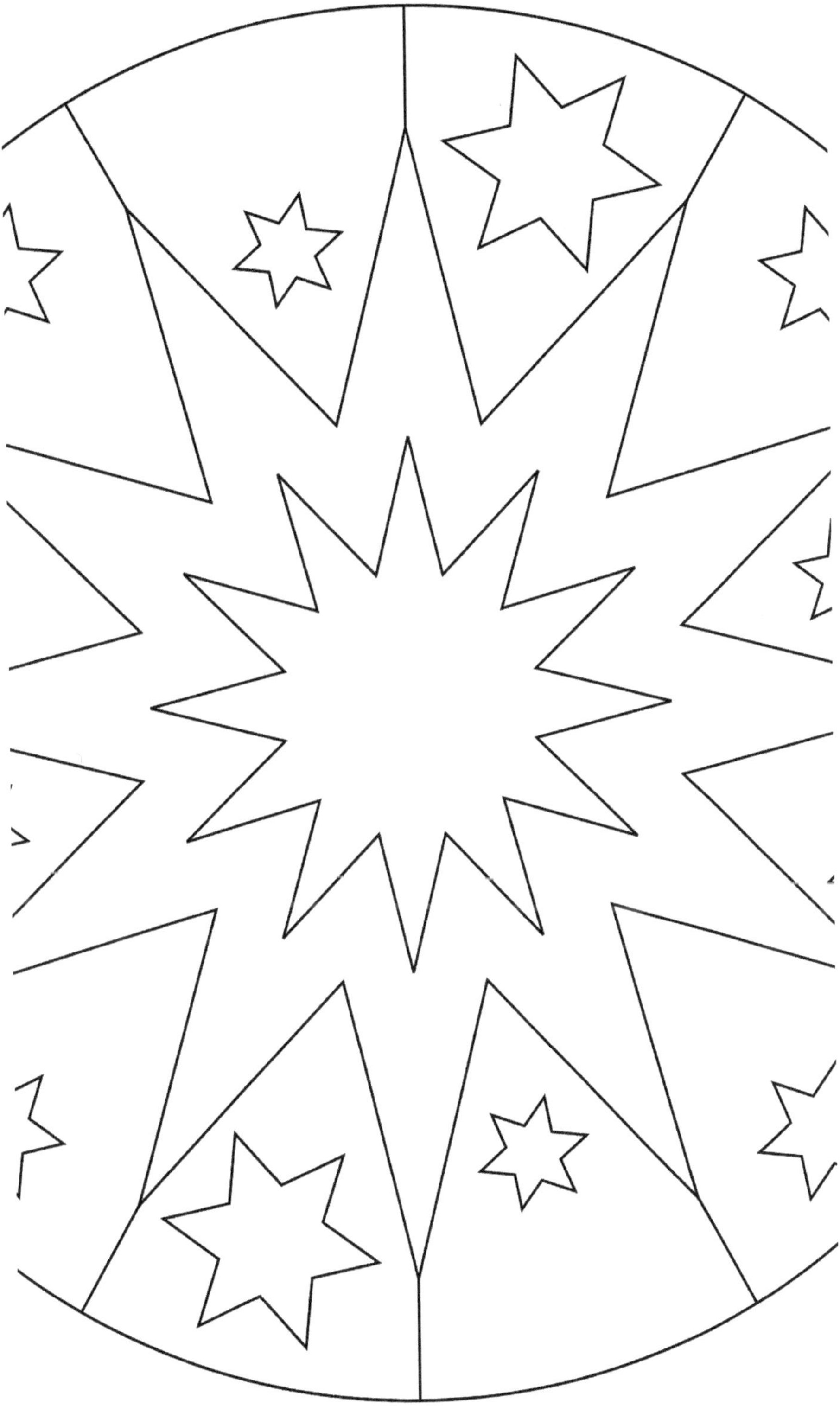

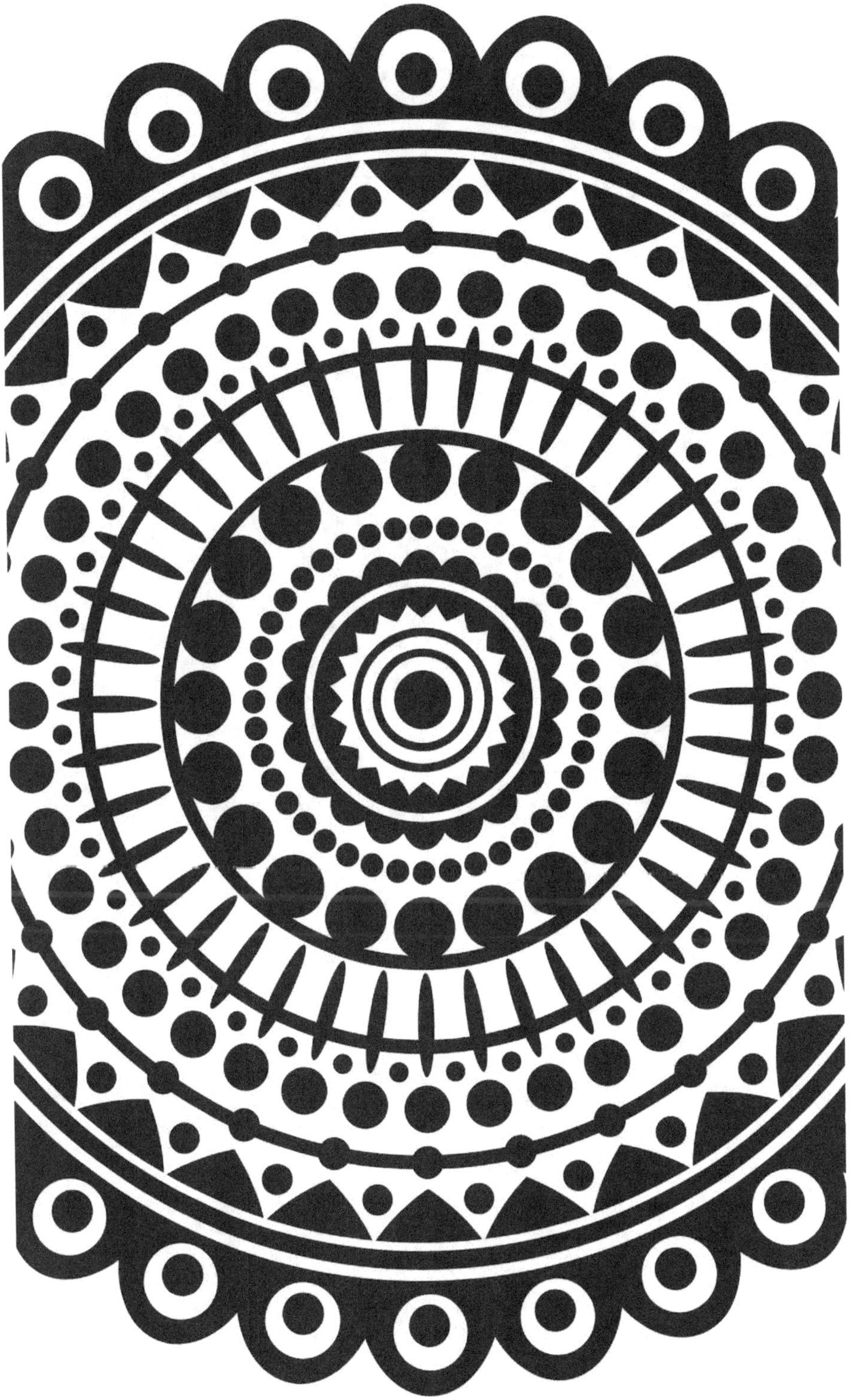

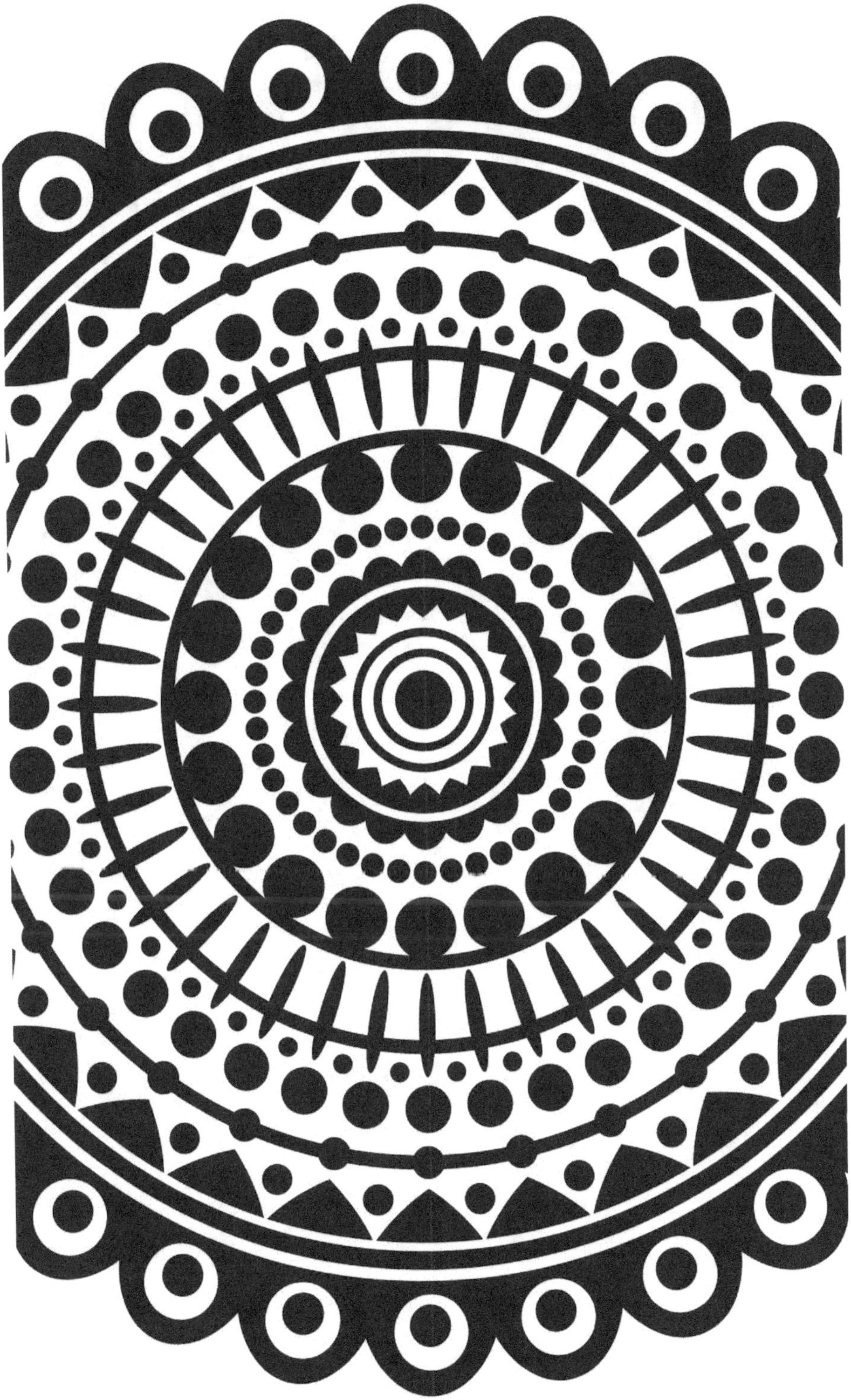

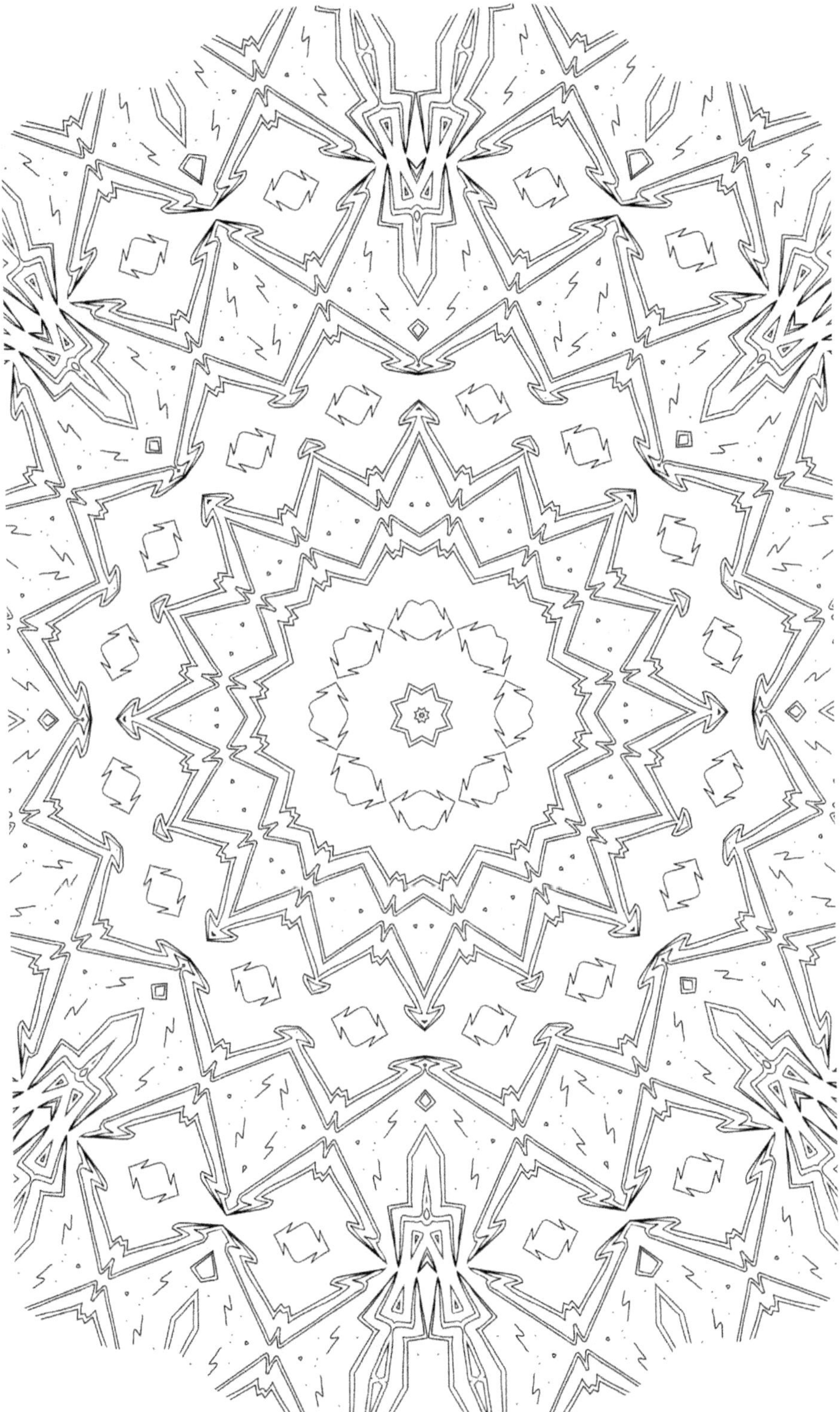

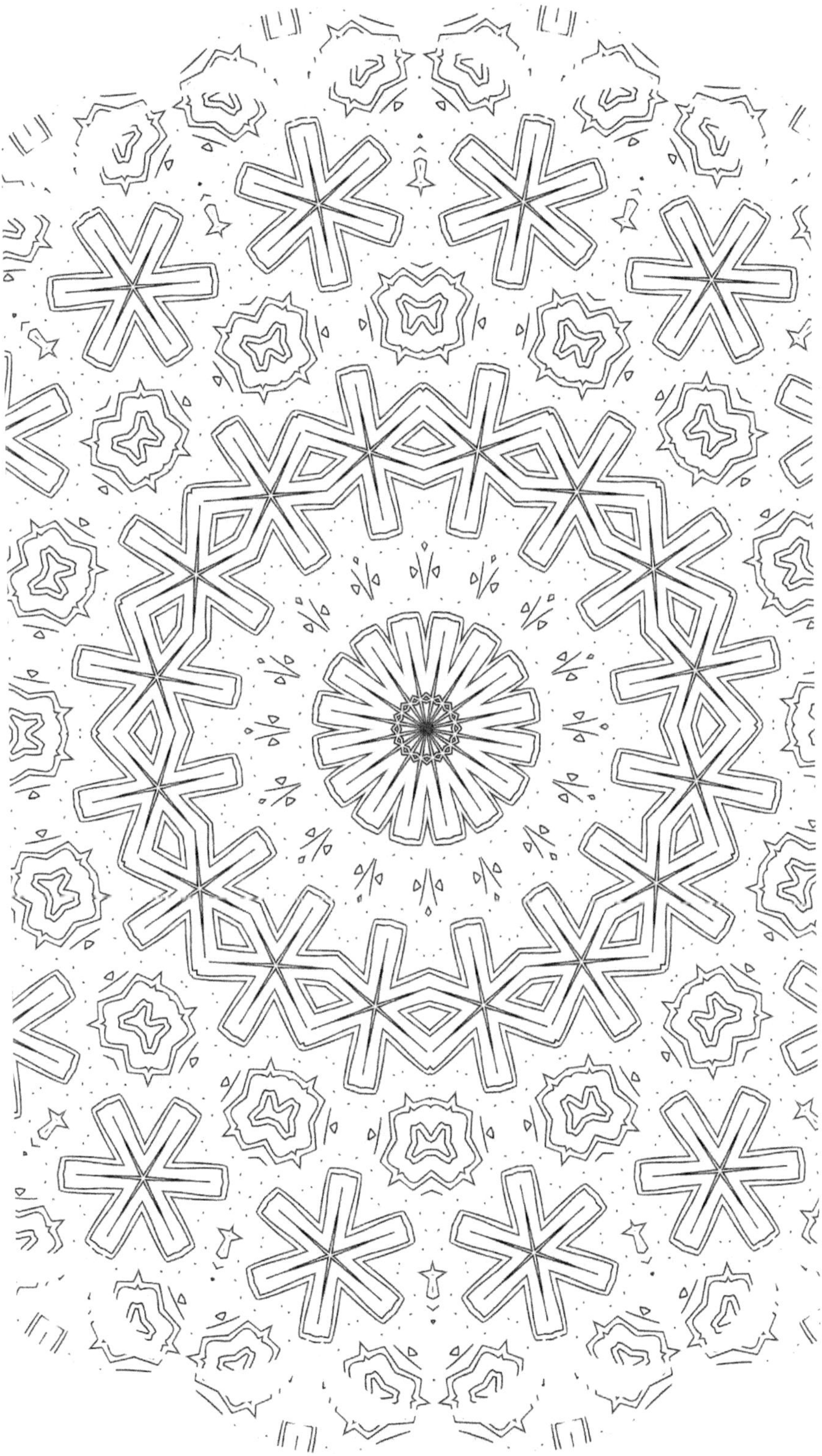

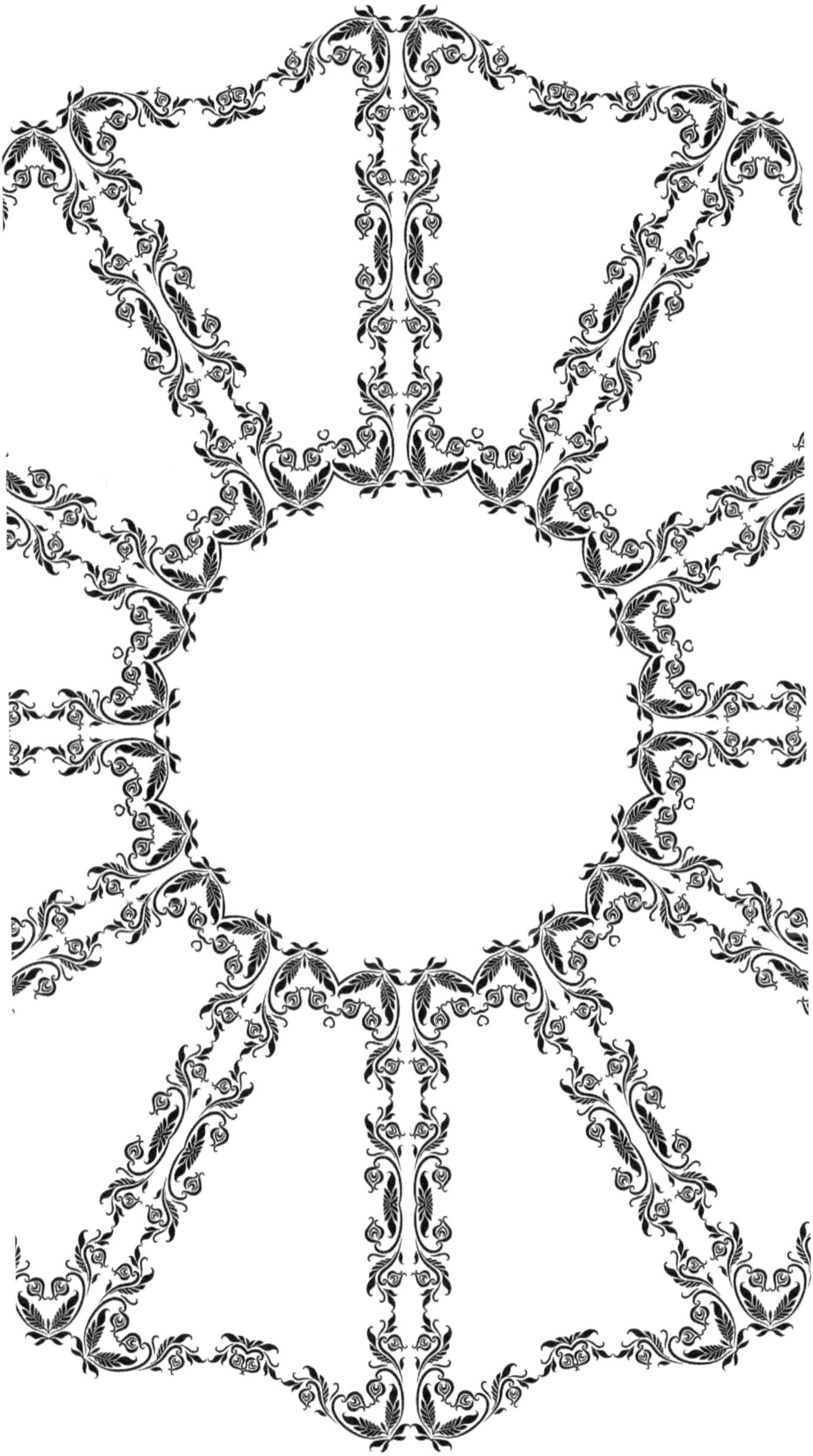

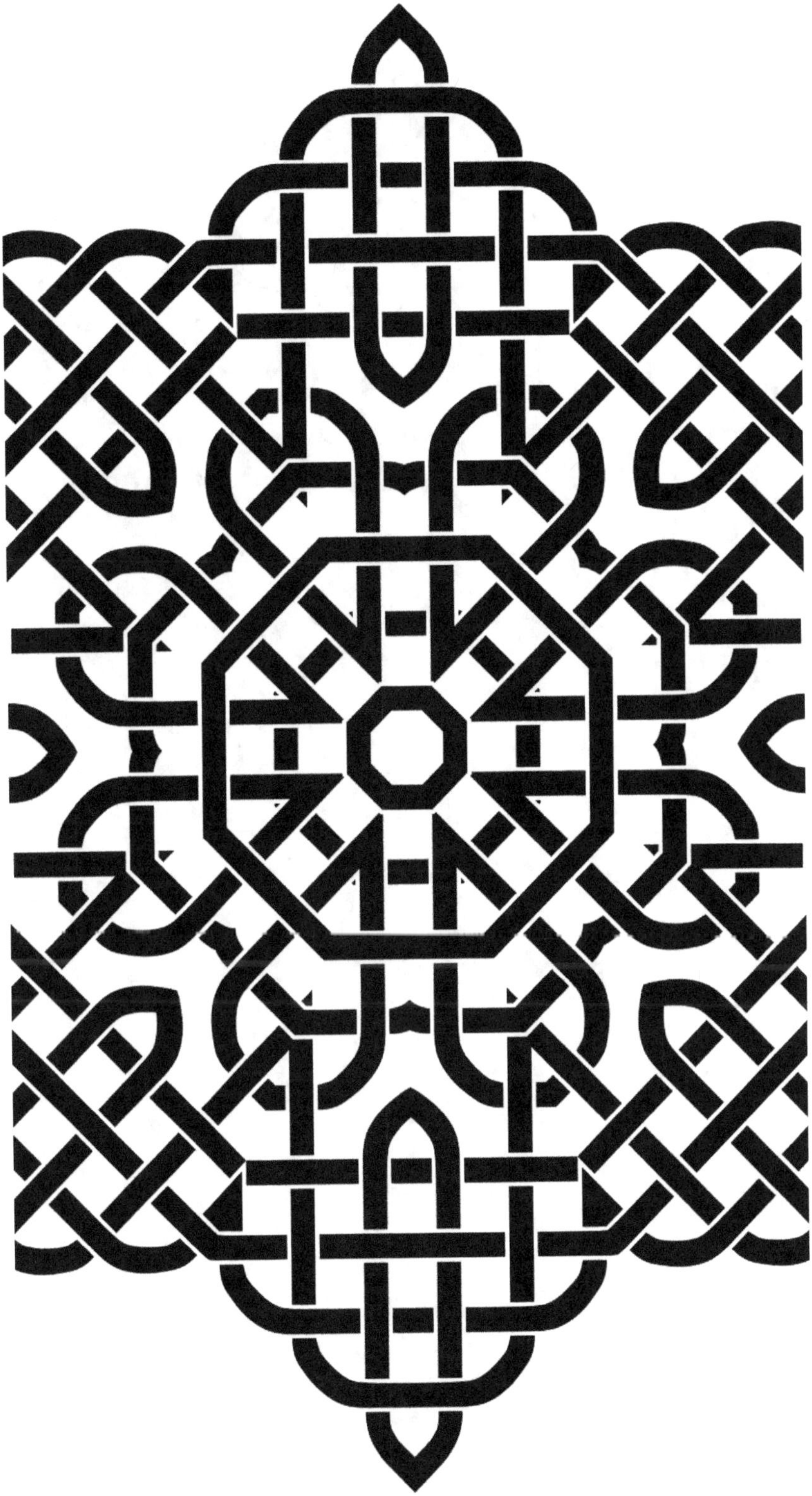

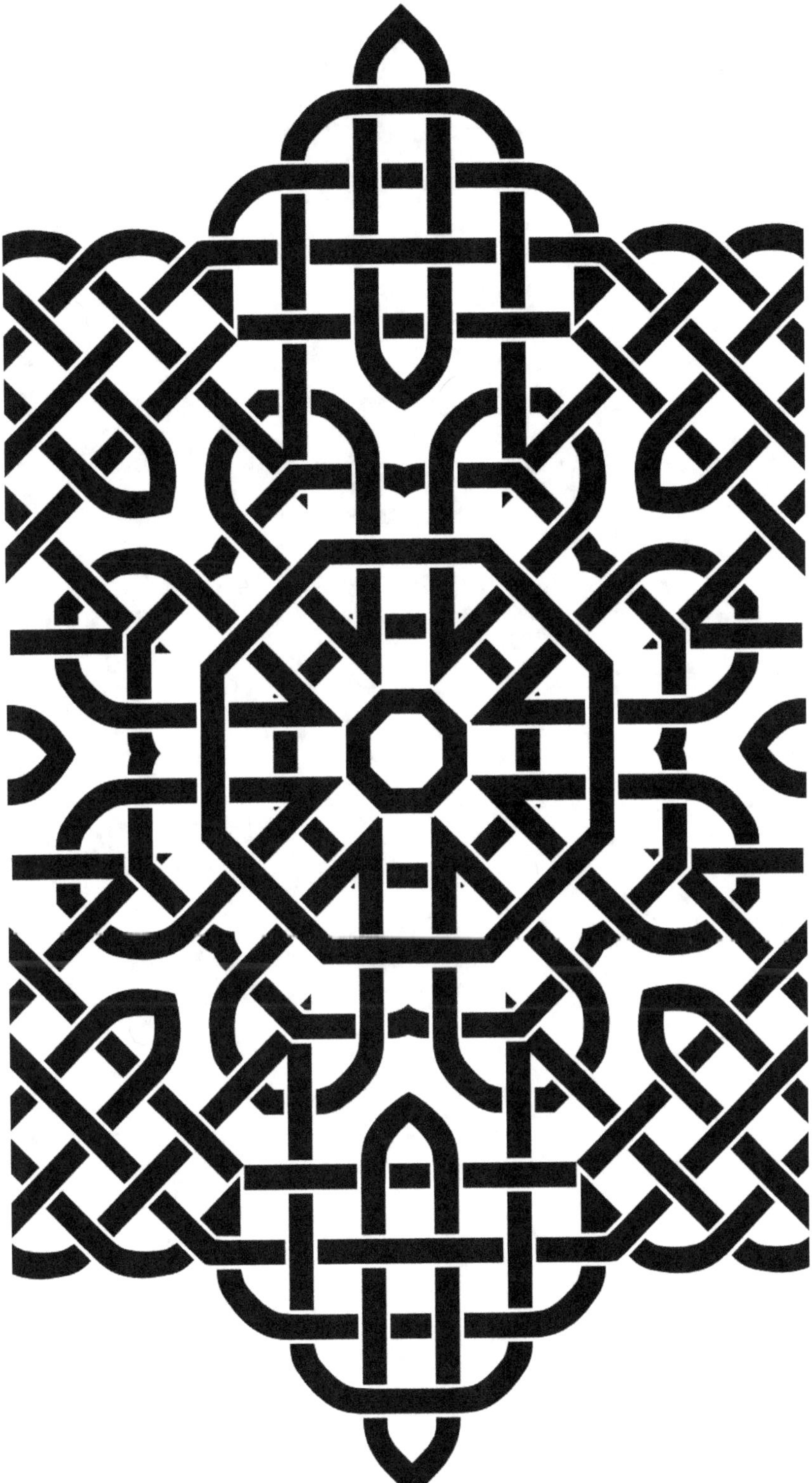

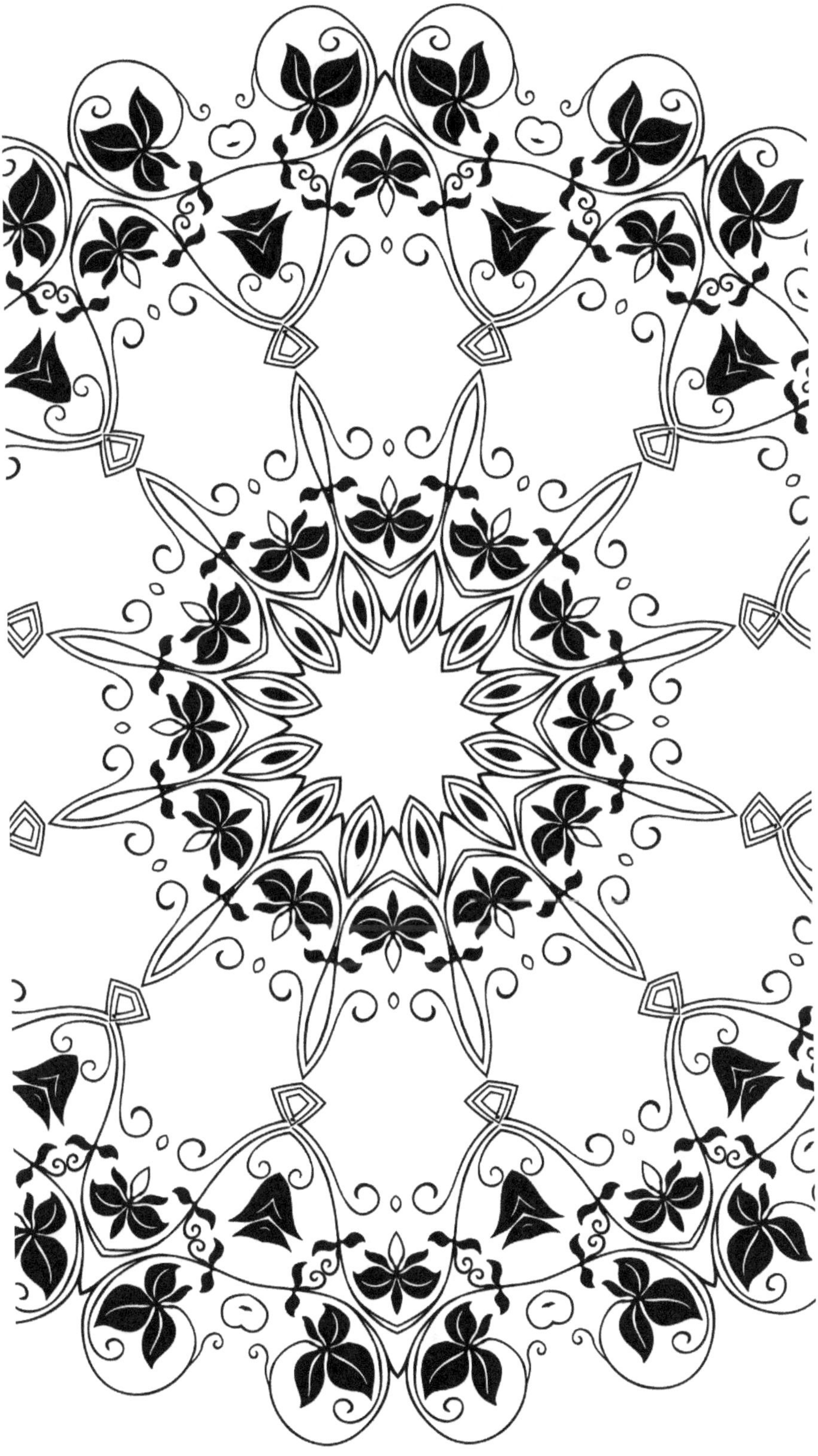

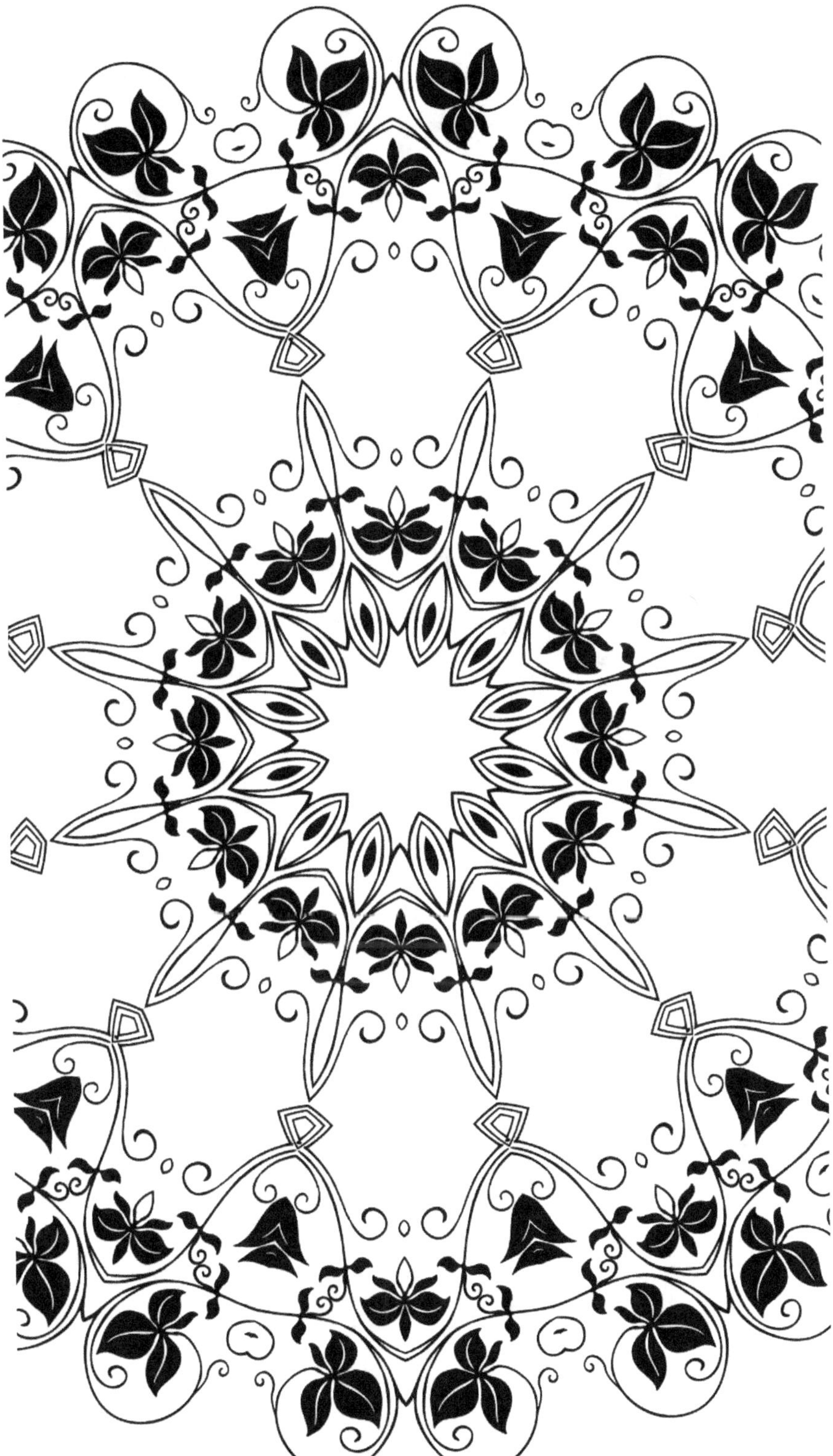

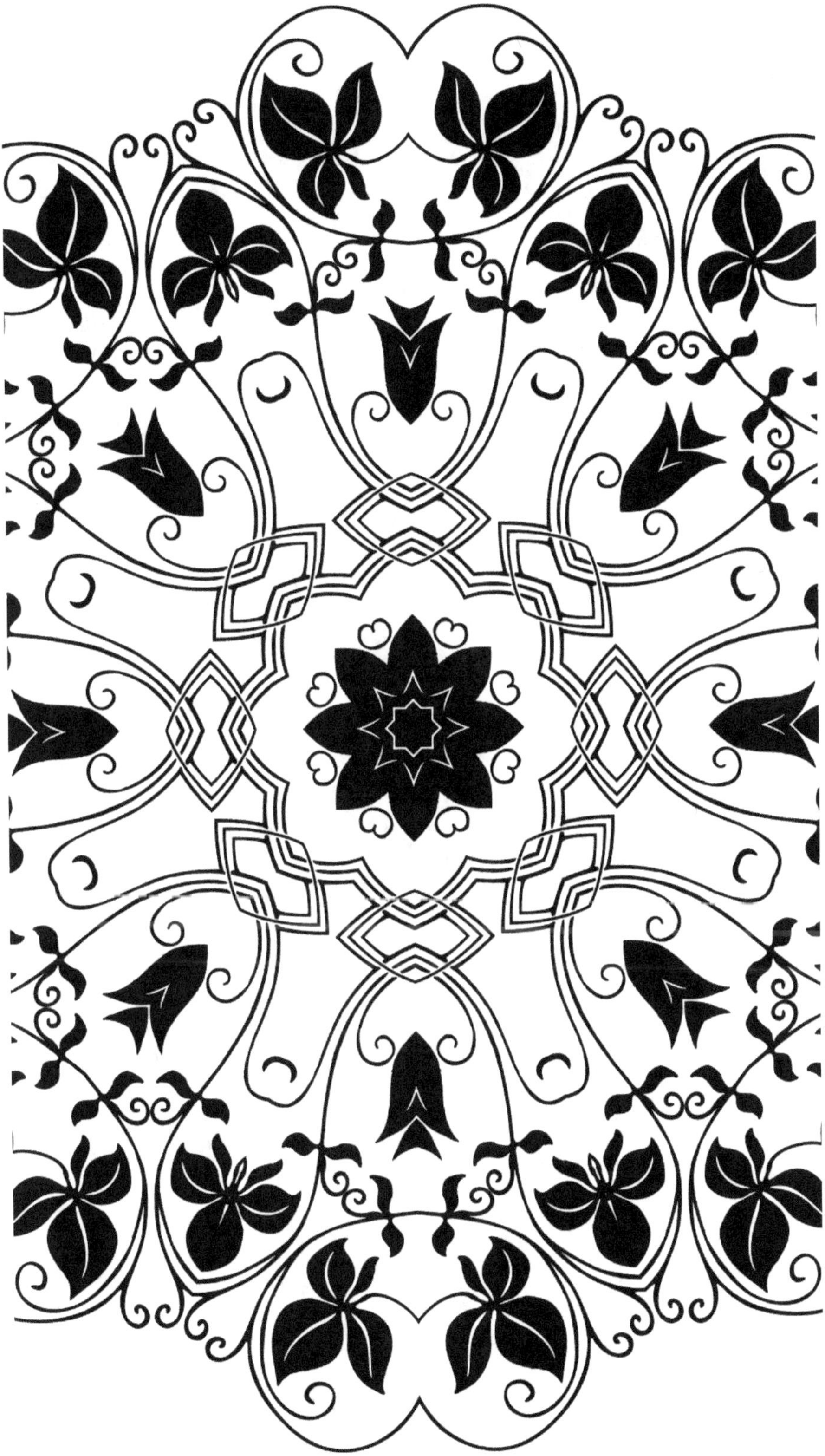

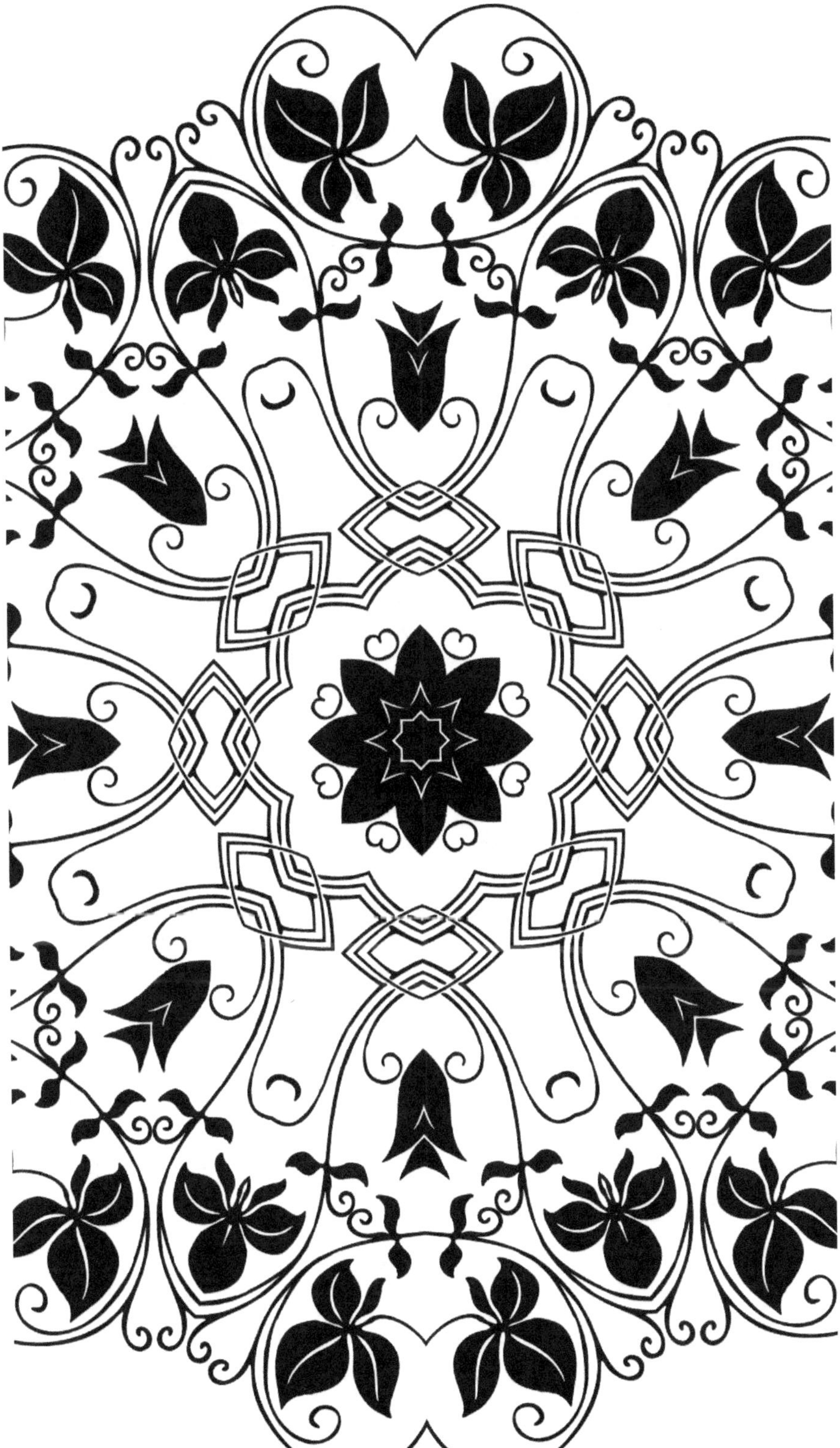

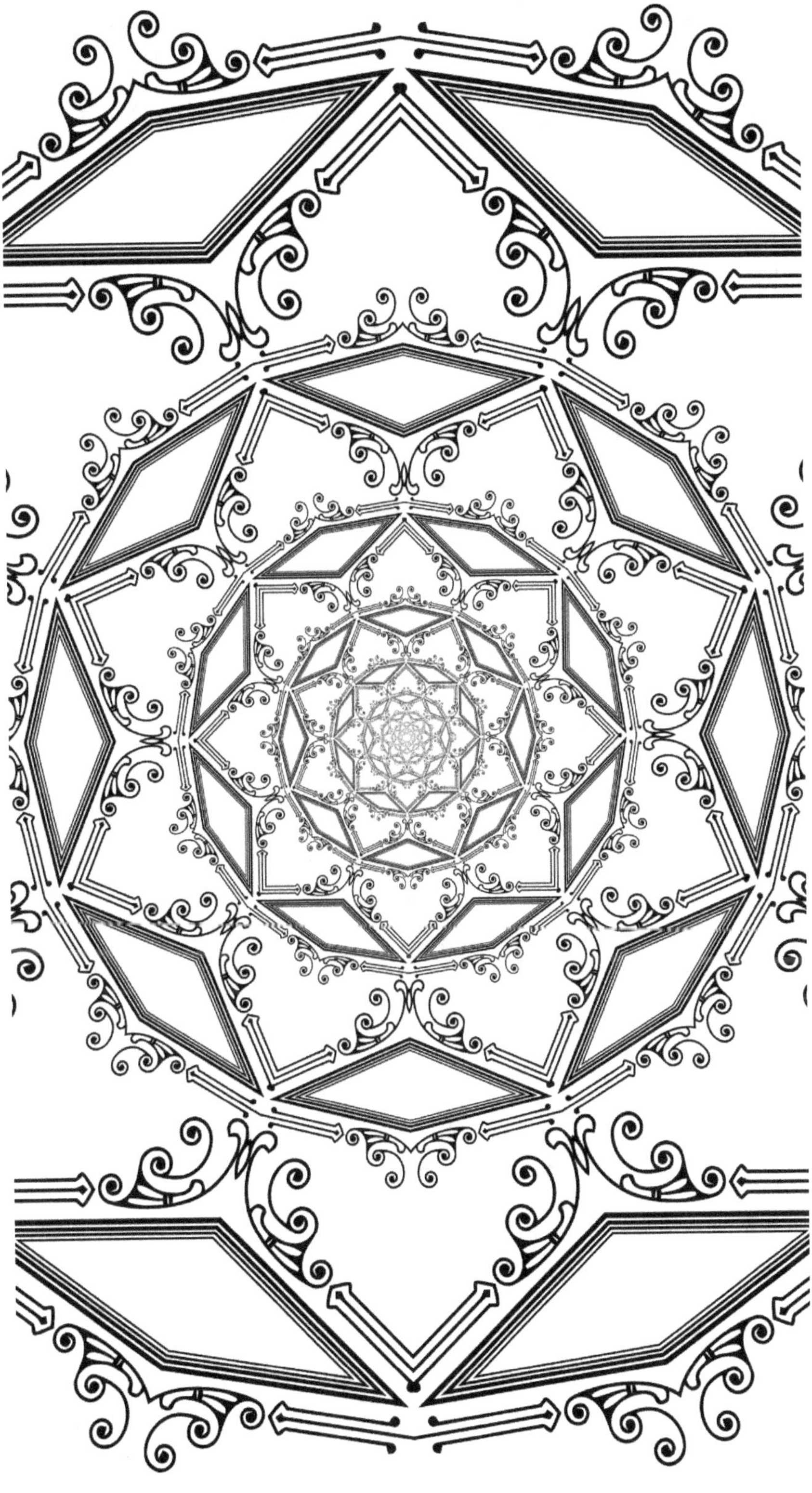

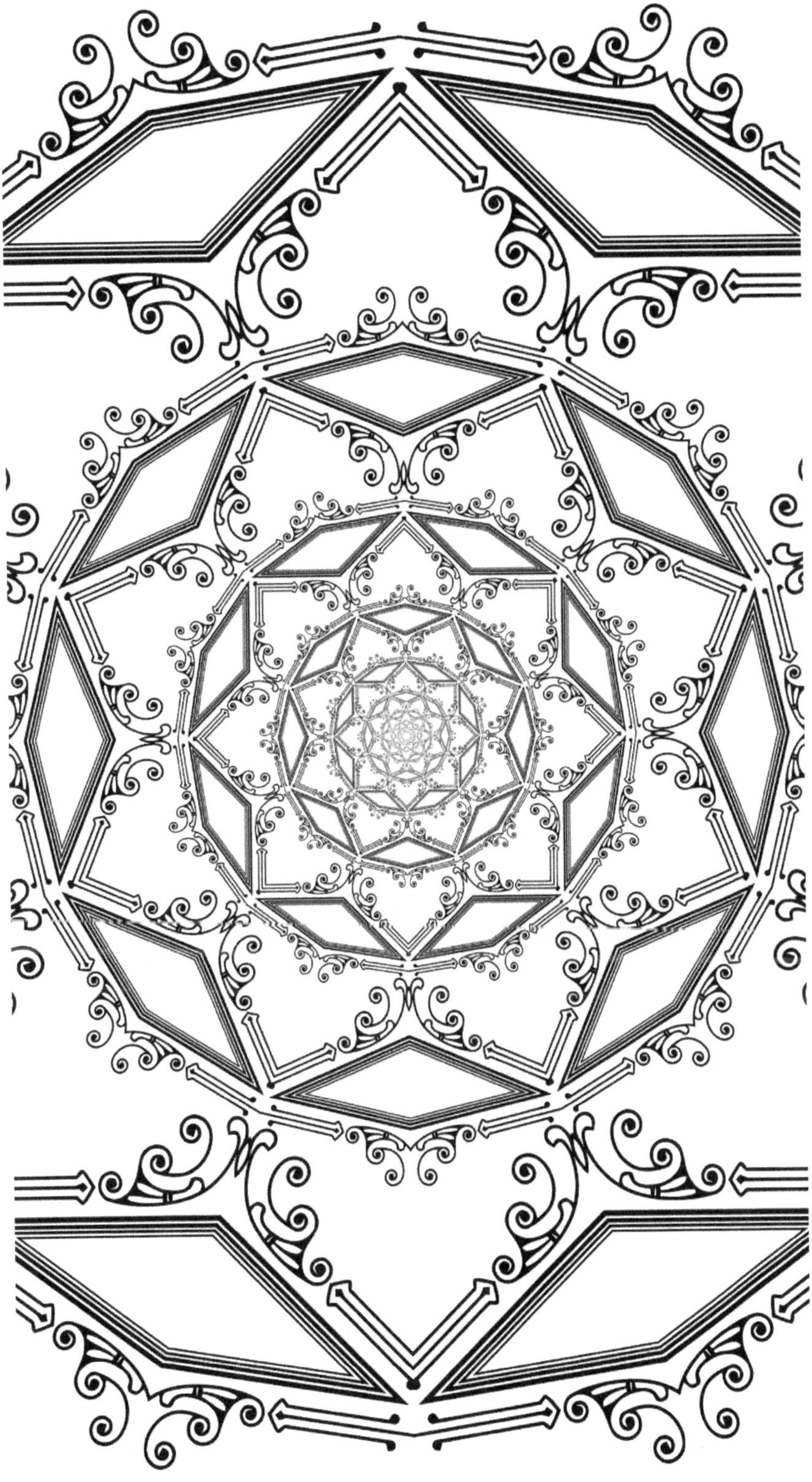

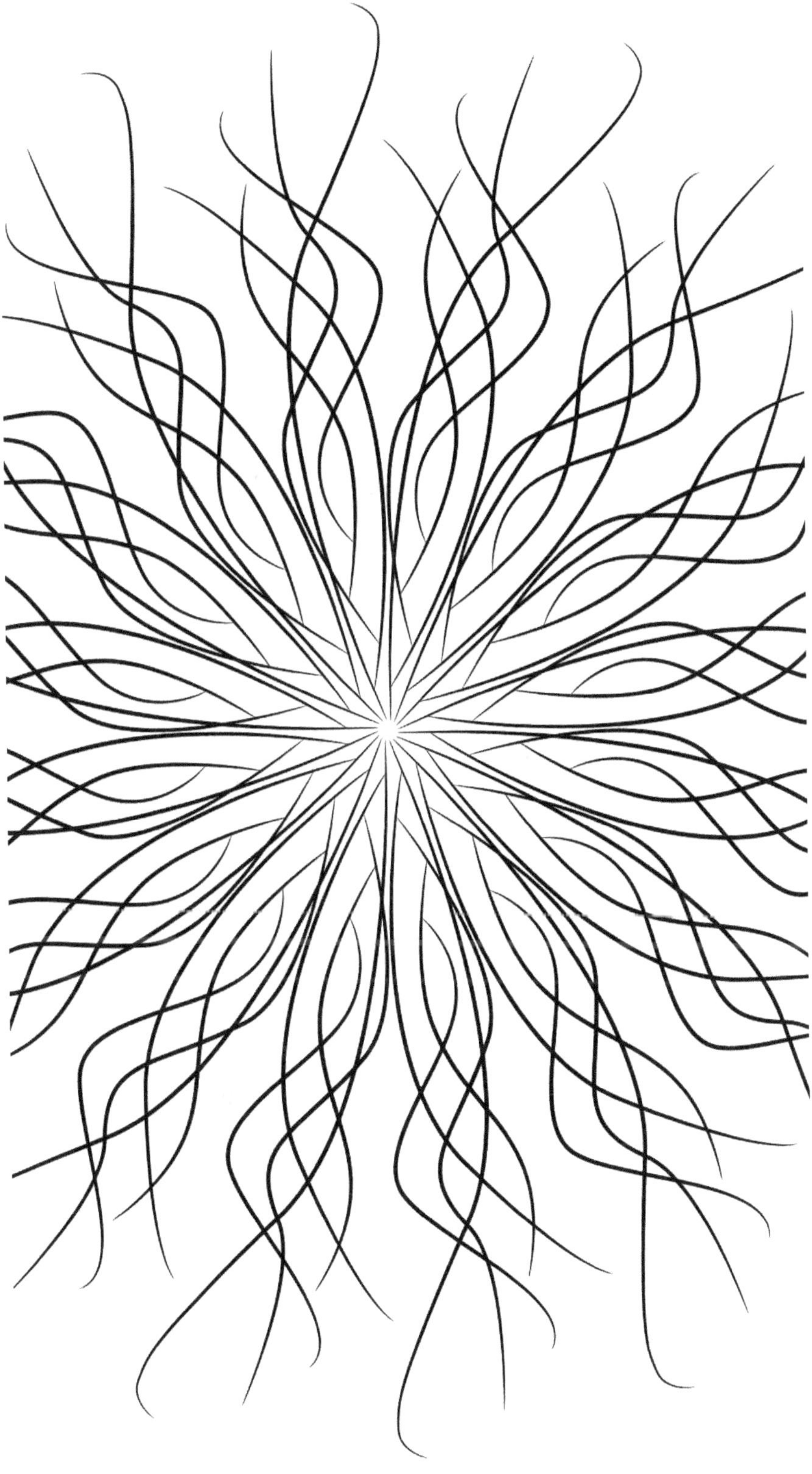

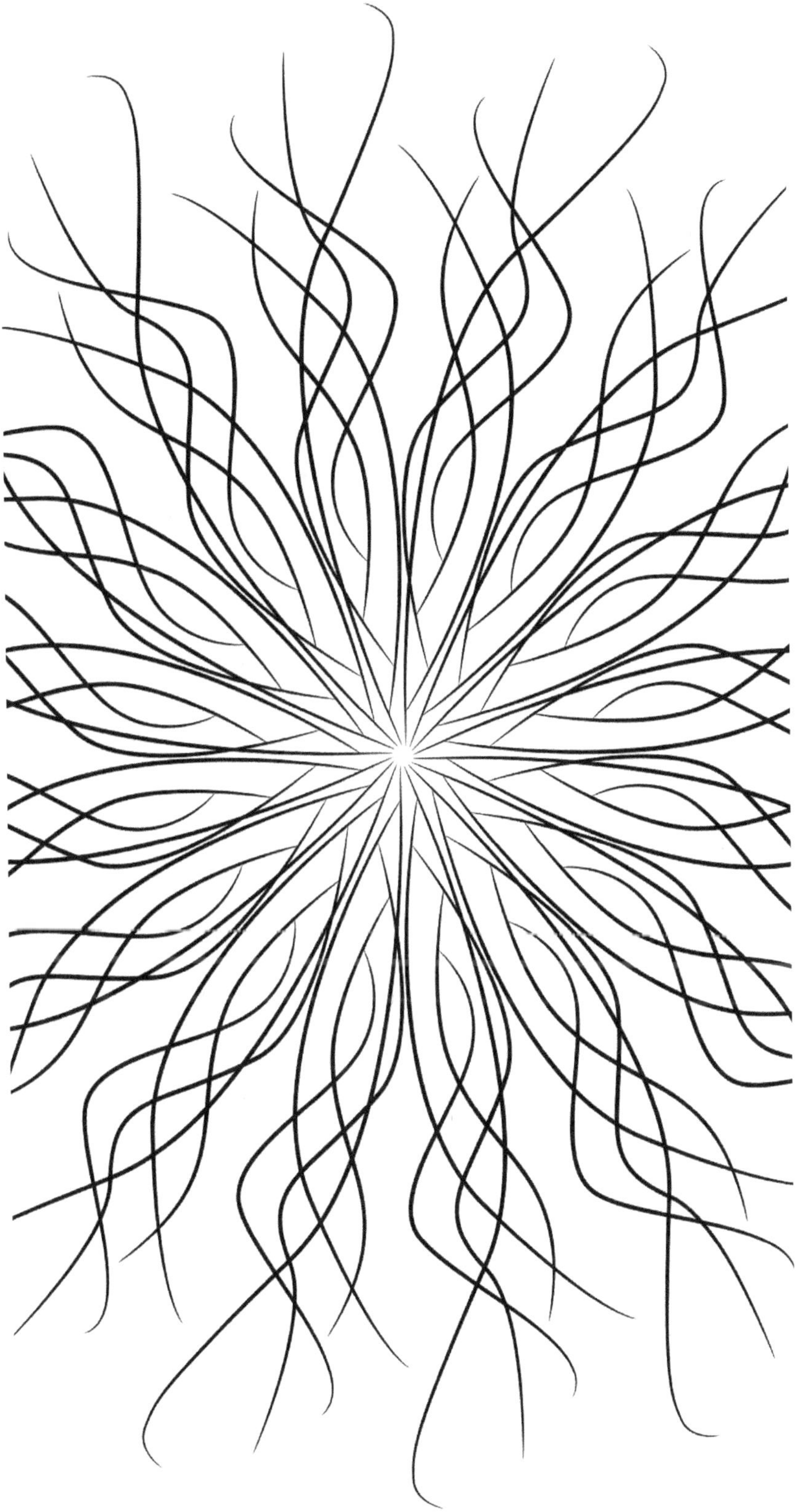

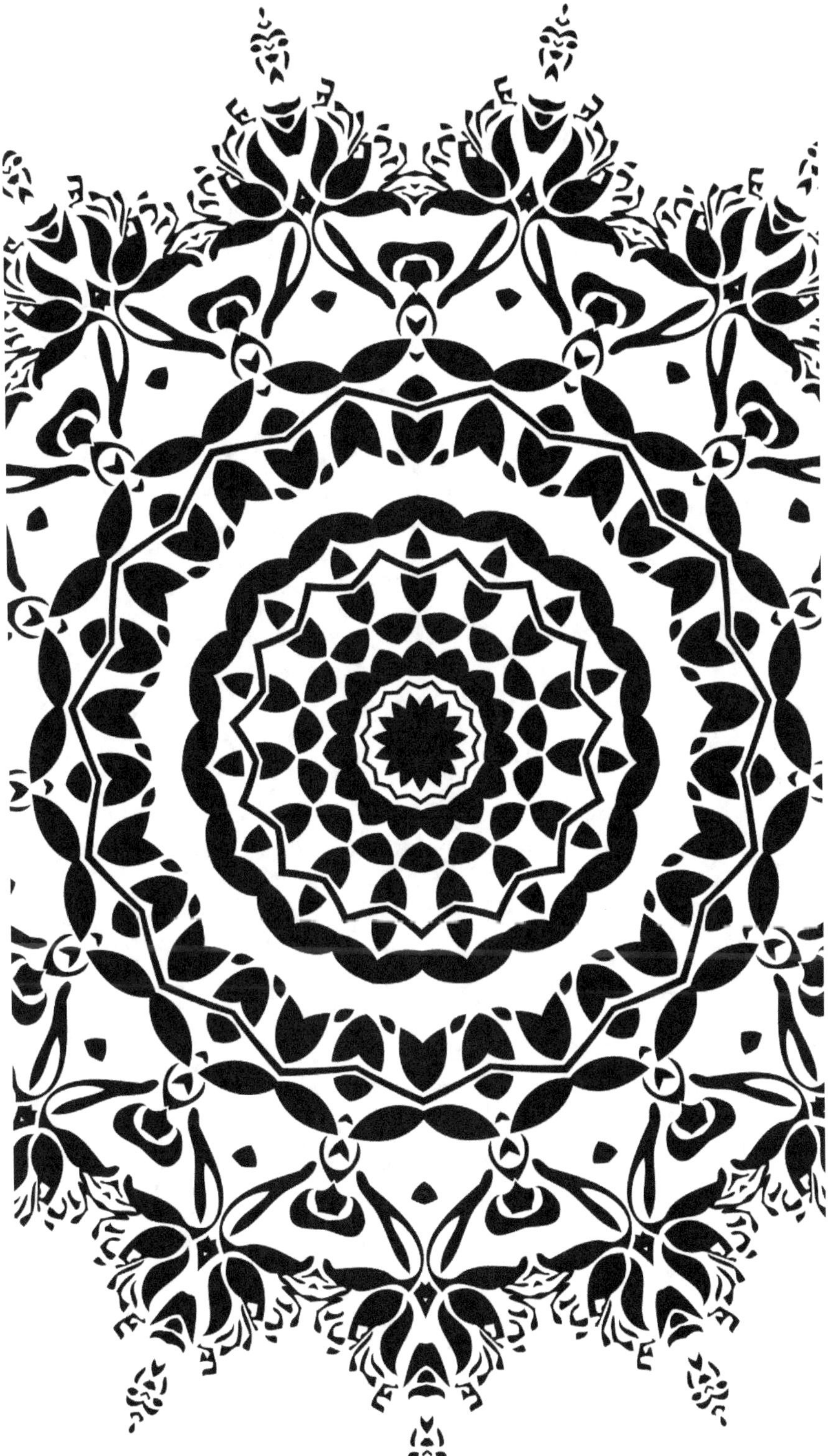

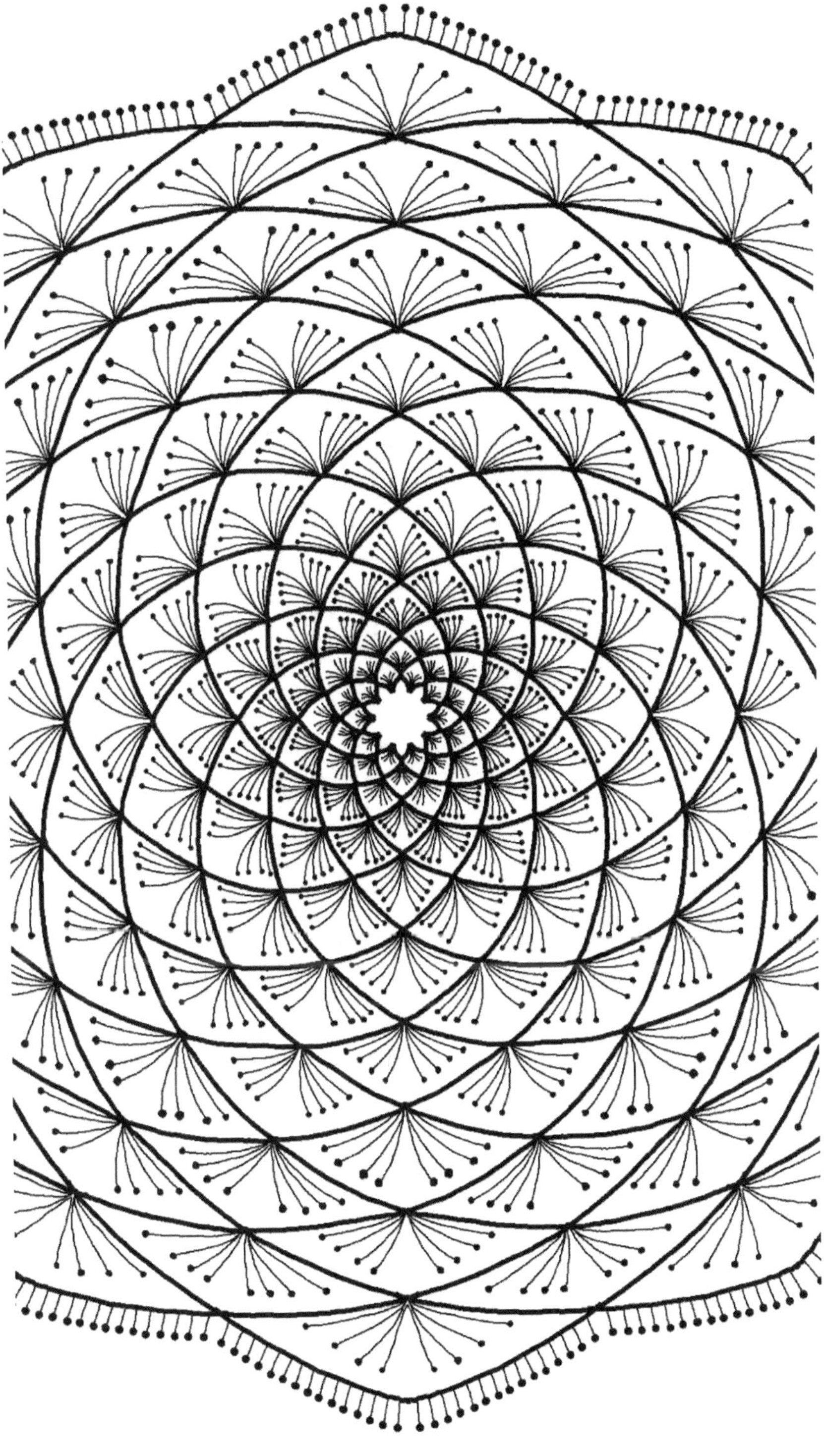

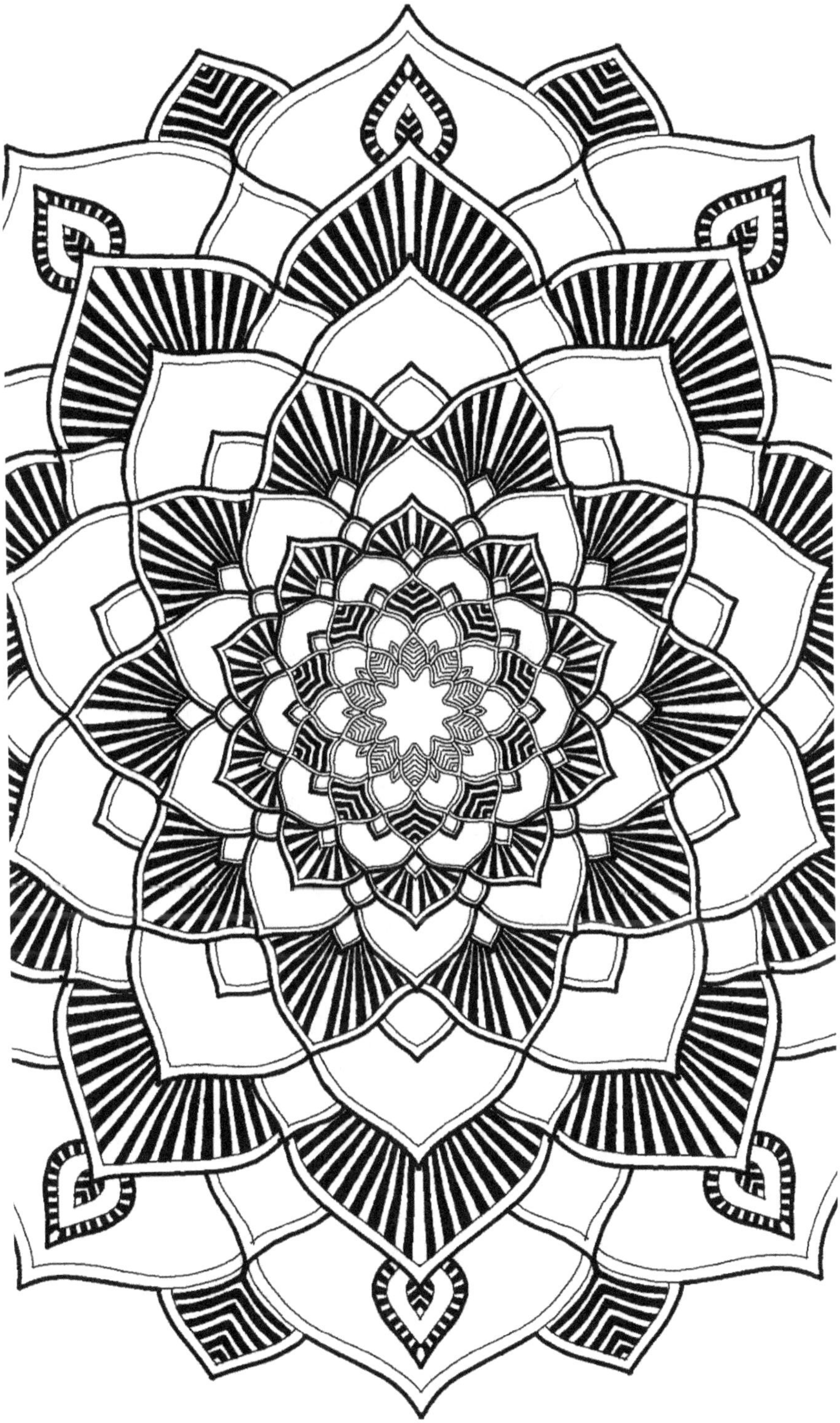

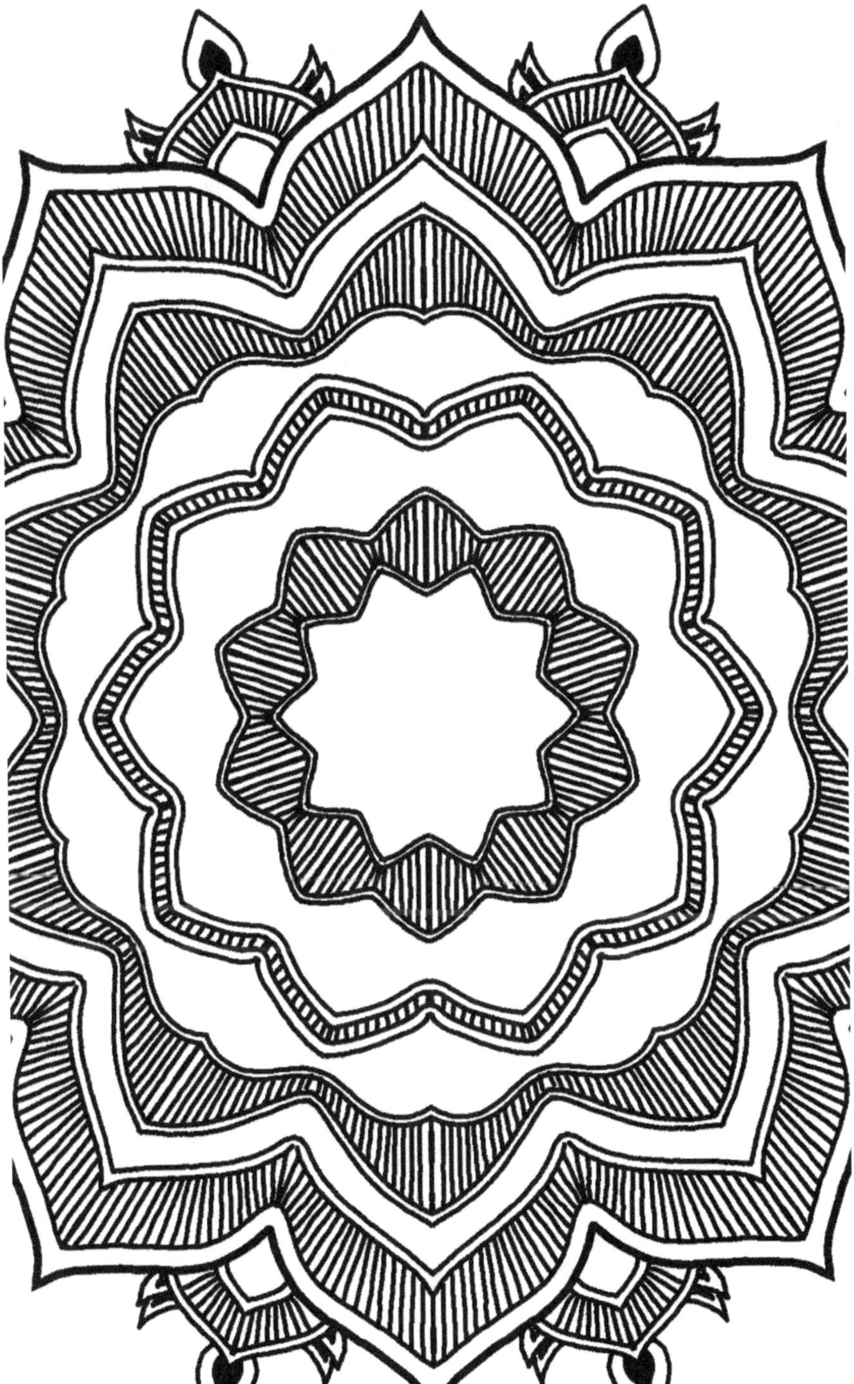

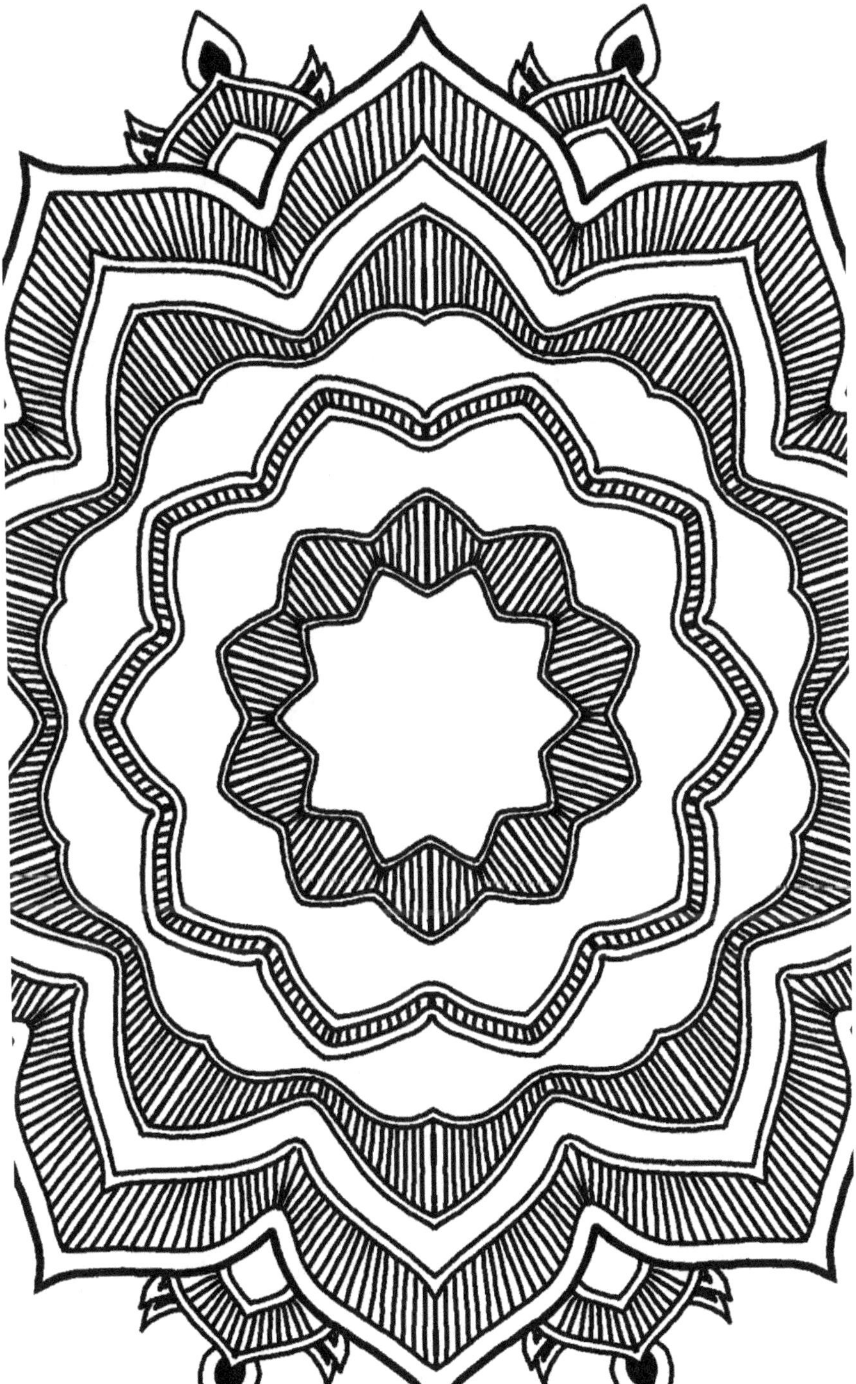

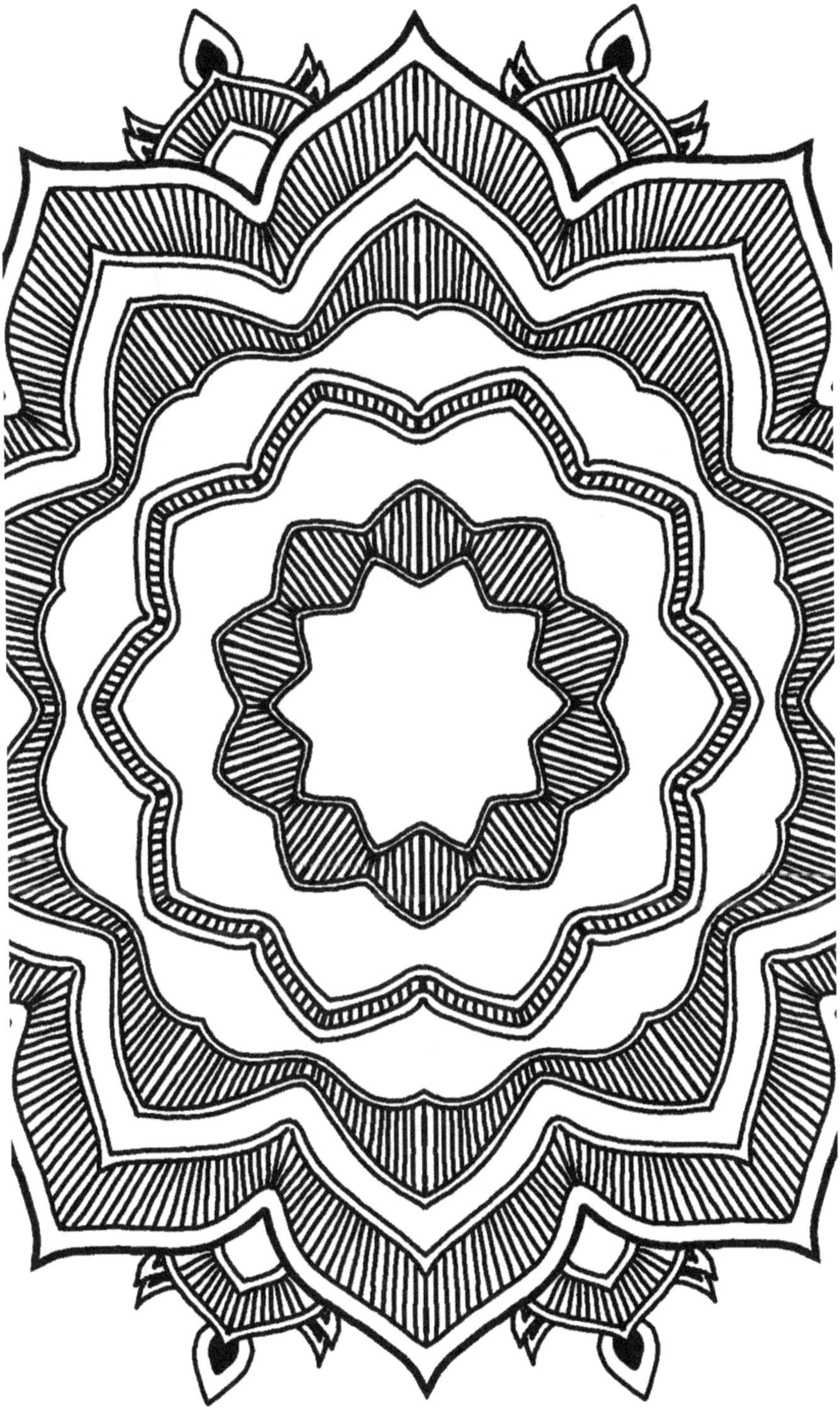

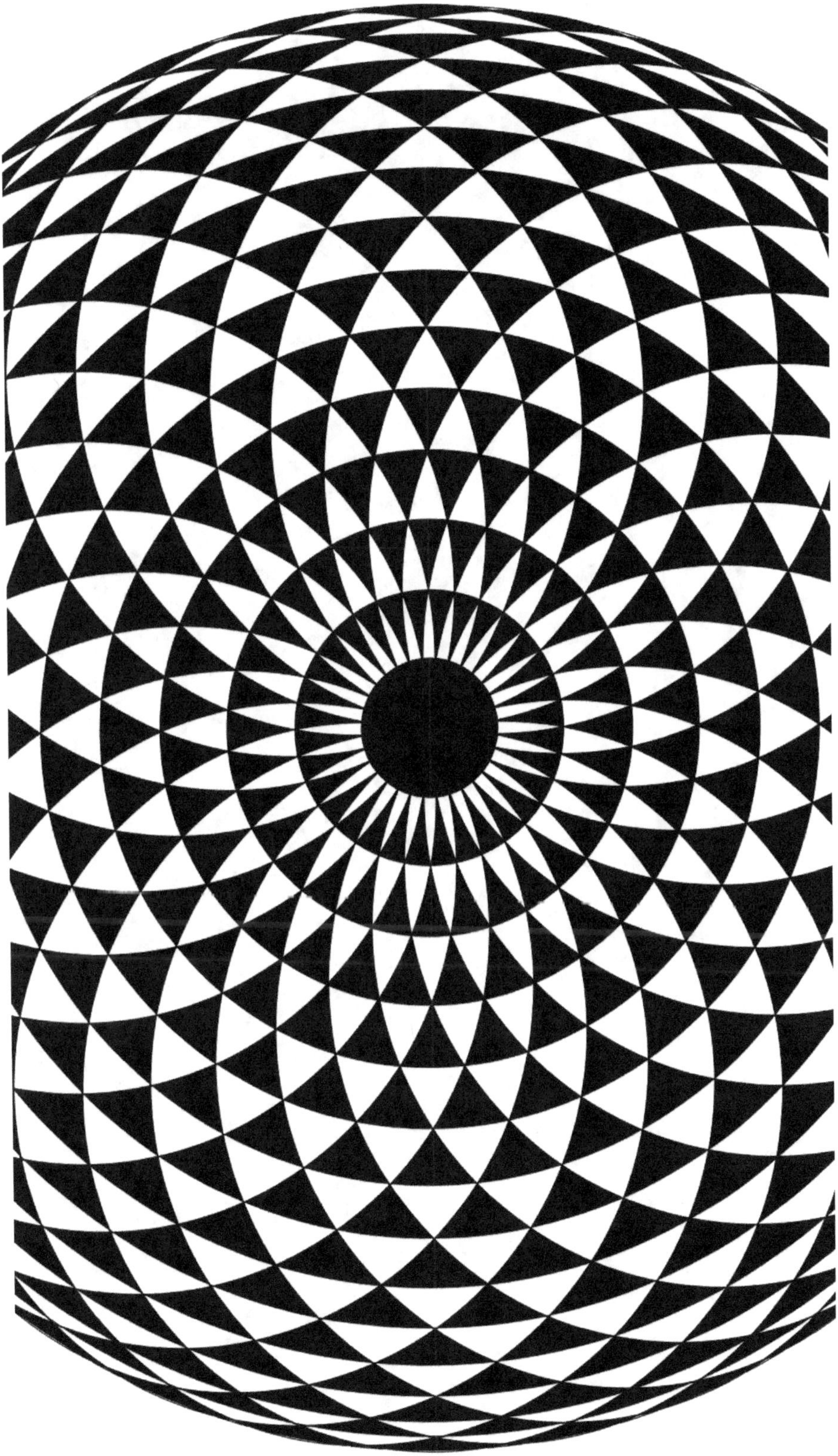

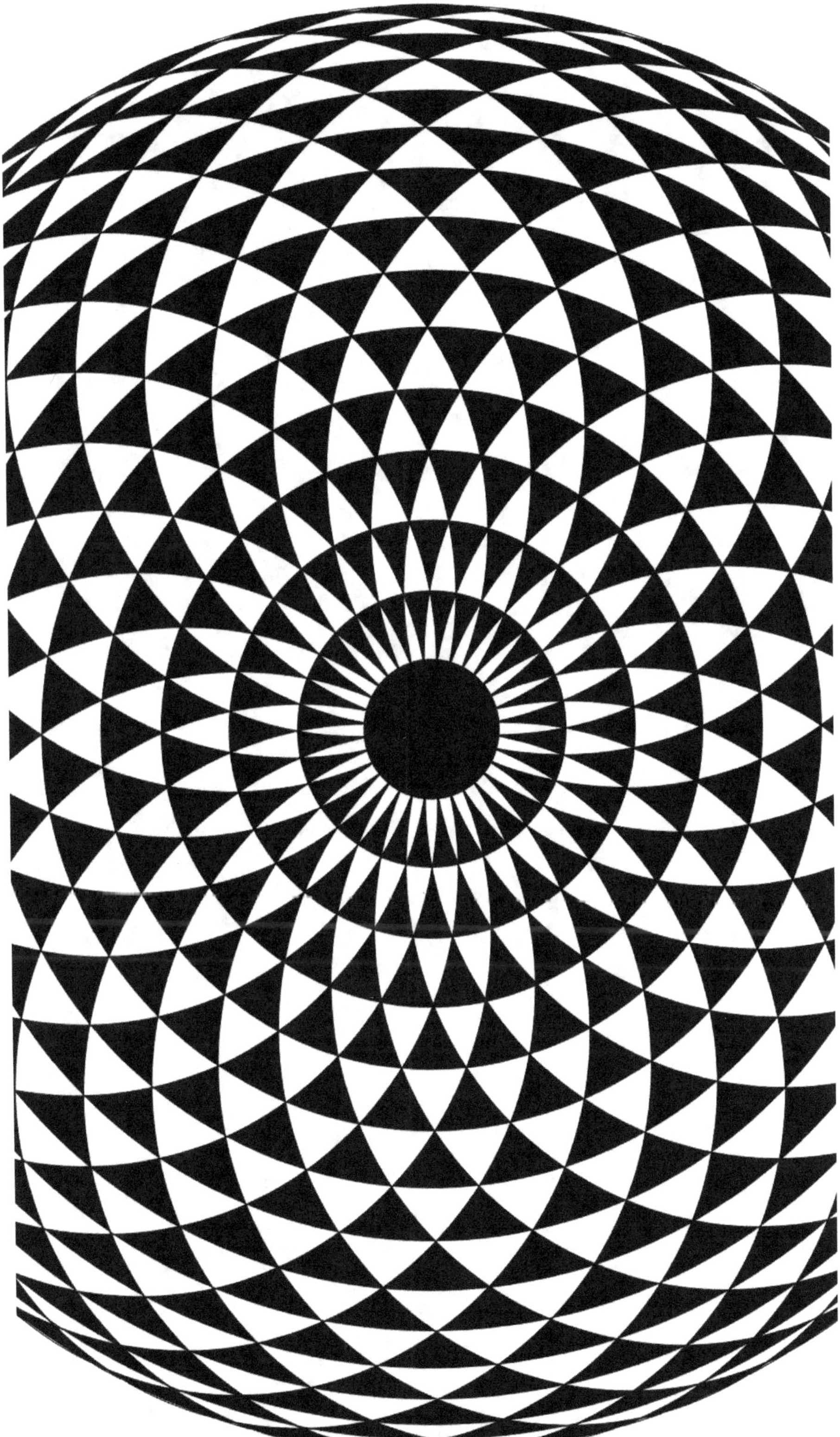

www.ingramcontent.com/pod-product-compliance
Lightning Source LLC
Chambersburg PA
CBHW070253220526
45465CB00004B/1606
* 9 7 9 8 6 4 2 4 7 3 8 8 7 *